미스터 평정심의
전천후 투자법

일러두기

이 책의 각주는 모두 역자의 주이지만, 104쪽의 각주는 저자의 것임.

천재 트레이더 톰 바소가 직접 쓴 100% 안전한 투자 비책

THE ALL-WEATHER TRADER

미스터 평정심의 전천후 투자법

톰 바소 지음 | 배지혜 옮김

Mr. Serenity's Thoughts on Trading
Come Rain or Shine

위즈덤하우스

추천사 1

강환국

(투자자,《거인의 포트폴리오》저자)

세상은 우리에게 잘못된 투자 방법을 주입한다. "좋은 주식을 사서 인내심을 갖고 장기적으로 보유하고 있으면 모든 일이 잘될 거야"라고. 그들은 애플, 삼성전자, 마이크로소프트도 80퍼센트 하락한 적이 있으며, 고점을 찍은 후 20년이 지나도 신고점을 찍지 못하는 주가지수도 있다는 사실에 대해서 설명하지 않는다(예: 상해지수, 니케이지수, 코스닥지수). 대부분의 투자자들은 20퍼센트 손실이 6개월 정도만 지속돼도 전혀 견디지 못하는데!

그렇다면 제대로 된 투자 방법은 누구에게 배울까? 수십 년 동안 시장에서 살아남으면서 성과를 낸 사람에게 배워야 할 것이다.

'미스터 평정심'이라 불리는 톰 바소는 국내에 잘 알려진 사람은 아니다. 그러나 평생 세계 방방곡곡을 돌아다니며 위대한 트레이더들을 인터뷰한 잭 슈웨거는 톰 바소를《새로운 시장의 마법사》에 실었다. 꼭 알아야 할 '새로운 마법사'로 말이다!

그가 1980년대부터 왜 그렇게 유명했냐고? 시장 상황과 상관없이 안정적인 수익을 내는 방법을 터득했기 때문이다. 여기서 '안정적'이라는 단어가 핵심이다. 대부분 투자자는 '안정적'인 투자의 중요성을 인지하면서도 안정과 매우 거리가 먼 투자를 한다. 그래서 바소의 말에 귀 기울여야 한다.

투자자들은 대부분 상승장이 오면 돈을 벌고, 하락장이 오면 돈을 잃는 것을 당연시한다. 하락장은 '인내심 있게 버텨야 하는 구간'으로 인지하는 경우가 많다.

당신은 이 책을 읽은 후 이런 생각을 버리게 될 것이다. 바소는 위대한 투자자 중 '어떻게 하면 하락장이 와도 횡보장이 와도 손실을 크게 보지 않을까?'에 대한 고민을 가장 깊게 한 사람이며, 실전 경험도 매우 풍부하다.

그걸 우리가 따라 할 수 있냐고? 우선, 바소는 뼛속까지 퀀트 투자자다. 그는 "나는 매 시기마다 시점을 계산할 수 있도록 컴퓨터에 프로그래밍하기 쉬운 도구를 원한다. 또한 누구에게도 지표의 논리와 타당성을 쉽게 설명하고 이해시킬 수 있어야 한다고 생각한다"라고 밝혔다. 따라서 그가 책에서 가르치는 전략은 우리도 따라 할 수 있다! 또한 그의 퀀트적인 방법을 따라 하면, 객관적이면서도 백테스트로 검증한 거래만 하게 되어 본인의 심리가 투자에 미치는 영향을 최소화할 수 있다. 참고로 바소는 우리의 심리가 투자에 어떻게 악영향을 미치는지 11장에 서술했는데, 당신이 투자 초보자든 중급자든 상급자든 이 11장은 절대 건너뛰면 안 된다.

이 책의 백미는 6~9장인데, 바소는 주식 자산으로만 분산 투자하는 포트폴리오로는 큰 손실을 피해갈 수 없음을 서술한 후, 선물 롱/숏 및 옵션 포지션을 통해 하락장과 횡보장에서도 안정적인 수익을 낼 수 있는 방법을 보여준다.

선물, 옵션이 위험하다는 편견은 버려라. 과도한 레버리지를 포함한 선물, 옵션 포지션은 우리에게 독이 되지만, 헤지용으로는 이렇게 훌륭한 수단이 없다. 주식이나 ETF만 거래했다면 매우 생소한 전략이 나올 것이다. 그러나 인내심을 갖고 그의 전략을 연구하면 시장 상황과 상관없이 돈을 버는 당신만의 궁극의 전략을 개발할 수 있을 것이다.

마지막으로! '무엇을 언제' 사는 것도 매우 중요하지만, '얼마나 사고 팔아야 할까'도 이에 못지않게 중요하다. 6~9장 전략을 공부하느라 10장을 건너뛰는 우를 범하지 말자. 모든 것을 제대로 해도 베팅 사이즈가 너무 큰 투자자에게는 패망이 올 수 있으며, 너무 작은 투자자에게는 형편없이 작은 수익만 있다는 것을 명심하자.

판교불패

(트레이더, 《올웨더 투자법》 저자)

'투박하고 직관적이다.'

이 책을 읽고 나서 든 생각이다. 나는 책보다 보고서들을 더 많이 읽는다. 투자에 활용할 만한 지표들을 찾고 어려운 국면에서 과연 언제까지 이 일이 지속될 건지 앞으론 어떻게 전개될 것인지, 손절을 해야 할지 보유하고 가야 할지 등을 복잡하게 생각하고 단순하게 결정하기 위해서다. 이 책은 보고서만큼 투박하면서도 더 직관적이다. 또한 화려한 미사여구를 섞어가며 설명하지 않는다.

최근 들어 '대한민국 가계부채 증가와 고금리 장기화에 따른 자산시장 붕괴 가능성'이 화두다. 신문과 방송에서는 자극적인 헤드라인과 부정적인 측면만 전망하는 전문가들을 초빙해 시장 공포감을 키운다. 이런 상황을 보고 나는 사람들에게 이렇게 말한다. "기사에만 집중하지 말고, 그와 관련된 지표들을 찾아서 보고 이 위기의 뒷면에는 어떤 이야기들이 있는지를 먼저 파악하세요. 기회는 준비된 자들만 잡을 수 있습니다. 그리고 머릿속의 두려움을 지식으로 채우고 기다리세요. 이럴 때 오르는 자산들도 있습니다. 작은 금액이라도 좋으니 투자하면서 배워보세요."

이 책의 저자인 톰 바소는 정확히 나의 이러한 마인드와 일치하는 이야기들을 풀어나가고 있다. 긍정적으로 시장을 바라보며, 고통의 시간을 새로운 이론들을 공부하고 지표들을 끊임없이 분석하며 보낸다. 그리고 시기에 맞게 투자할 만한 자산들을 탐구한다.

이 책에서 톰 바소는 다양한 시장 조건에서 성공하는 투자를 구축하는 전략에 대해 간결하고 덤덤하게 풀어나간다. 그래서 실용적이고 직접적이다. 또한 다양한 사례를 보여주고 구체적인 전략을 설명한다.

투자는 단순히 수익을 추구하는 행위가 아니다. 투자는 자기 자신과의 싸움이며 시장의 깊은 이해와 적응이 필요하다고 그는 말한다.

톰 바소는 불확실성의 두려움을 극복하고 모든 상황에서 평정심을 유지하는 방법을 알려준다. 어떠한 투자환경에서도 침착함을 유지하며 지속적으로 성장해나가고자 하는 모든 이들에게 이 책을 강력히 추천한다.

그의 말처럼 걱정과 고민으로 시간을 허비하지 말라. 단기적인 변동에 휩쓸리지 않고 장기적인 성공을 위해 준비하라. 그러면 당신의 부는 자연스레 쌓일 것이다.

차례

모든 행동에는 위험이 따른다. 가장 일상적인 활동들을 생각해보자. 회사까지 운전하기, 길 건너기, 멍한 상태로 하는 멀티태스킹 등이 있을 것이다. 안전에 문제가 없어 보이지만 이러한 상황들도 결과적으로는 얼마든지 위험해질 수 있다.

위험은 어디에나 존재한다. 삶의 질, 재정 상태, 인생에서 중요한 다른 영역 모두에 위험이 찾아올 수 있다.

두려움은 피할 수 없는 자연스러운 현상이다. 투자의 세계는 이렇게 가시지 않는 두려움으로 둘러싸여 있다. 두려움은 위험도가 높고 보상은 커 보이는 자산관리 상품에 뛰어들려는 사람들에게 걱정을 심는 방법으로 장애물을 만들어냈다.

지난 50년 동안 금융시장이 어떻게 굴러갔는지 살펴보자.

● 다우존스 산업평균지수의 최근 50년 동향($DOWI)

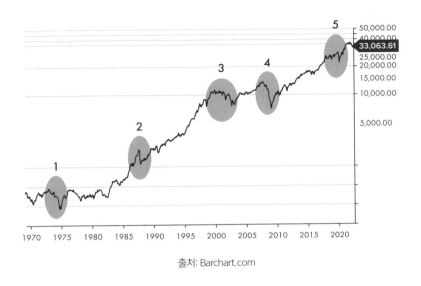

출처: Barchart.com

1. 1973~1974년, 약세장이 지속되면서 S&P500 지수가 45퍼센트 하락
   했다.

2. 1987년 10월 19일 검은 월요일Black Monday

3. 2000년 닷컴버블

4. 2008~2009년 경제 붕괴로 이어진 부동산 위기

5. 2020년 코로나19 팬데믹으로 인한 세계적 경제혼란

이러한 사건들은 전 세계 가정에 재앙을 불러일으켰고, 사람들은 짧
은 시간 동안 전 재산을 잃기도 했다. 투자라는 게임에서 완전히 손을
뗀 투자자도 있었다. 이러한 사건들이 친구나 가족들에게 어떤 영향을

미쳤는지 지켜본 트레이더들은 감정적으로 동요했고, 이 현상은 수십 년 동안 이어졌다.

그 세월을 몸소 겪어온 나는 투자자들이 시장에 투자할 때 어떤 위험을 감수해야 하는지 너무나 잘 안다. 아버지가 위기를 맞이하셨을 때의 모습도 실시간으로 지켜봤다.

우리 아버지 카를로 바소 씨는 미국우정공사United States Postal Service 집배원이라는 탄탄한 직업을 가지고 계셨다. 경제대공황 때 갖은 고생을 한 이탈리아인 부모님 밑에서 자란 아버지는 연금이 보장되는 안정적 직장만 있으면 바랄 게 없다고 생각하셨는데, 아버지 세대에서 이러한 바람은 그리 특별한 것이 아니었다. 그 세대 사람들은 주식 시장을 도박장으로 여겼다. 손놀림 한 번에 한몫을 크게 챙길 수도, 가진 칩을 전부 잃을 수도 있는 카지노나 다름없는 곳으로 말이다. 그분들은 월급 명세서와 사내 복지, 은퇴 연금을 신봉했다.

월급만으론 성에 차지 않았던 카를로 바소 씨는 투자를 하기로 결심했다. 하지만 도박에 뛰어들고 싶진 않았고, 그 대신 안전하고 변동성이 덜한 투자를 원했다. 아버지는 저축하려던 돈을 당시 가장 안전하다고 여겨지는 상품에 투자했다. 아버지가 선택한 투자처는 바로 어느 지역 저축대부조합local savings and loan •의 양도성예금증서certificate of deposit였다. 저축대부조합에 투자하는 것은 보수적 투자 방식이었다. 아버지는 부동산이나 유동적인 주식 시장에는 손을 대지 않으셨고, 당신이 생각하신 위

• 　우리나라의 상호저축은행에 해당하는 미국의 지역 금융기관.

험을 모두 제거한 채 안전한 길을 택했다고 여기셨다.

얼마 후 1980년대가 되어 단기금리가 장기금리보다 높아지면서 수익곡선에서 장단기금리 역전 현상이 나타났고, 저축대부조합 업계에 불황이 찾아왔다. 투자자들은 정부가 2,000억 달러의 구제금융을 지원하고 난 다음에야 간신히 투자금을 회수해 손실을 메울 수 있었다. 다행히 아버지는 우체국 일을 계속하고 계셨던 덕분에 식구들을 먹여 살

●1980년대 초의 저축대부조합 사태 요약

1980년대 및 1990년대 초 FSLIC/RTC의 누적 손실액(10억 달러)

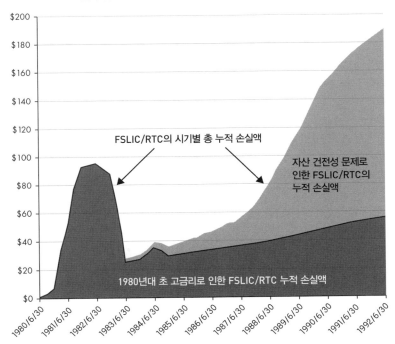

리고 세 자녀를 건사할 수 있었다.

카를로 씨의 가족은 저축대부조합 사태를 이겨낸 몇 안 되는 운 좋은 이들이었고, 운이 따르지 않았던 사람들도 많았다. 경제대공황과 검은 월요일, 코로나19 팬데믹 그리고 주식 시장이 치명적으로 변덕을 부릴 때면 언제나 같은 상황이 반복되었다. 운이 좋은 또는 기민하게 위험을 잘 피한 사람도 있었지만 대개의 사람들은 그러지 못했다.

저축대부조합 위기를 겪는 아버지의 모습을 보며, 나는 아무리 위험이 없어 보이는 환경에 투자한다 해도 위험 부담을 전혀 지지 않을 순 없다는 교훈을 얻었다. 상황은 한순간에 변할 수 있다. 전 재산이 하나의 투자 상품에 걸려 있으면 투자 시장이 자신에게 불리하게 돌아갈 시 엄청난 손해를 입고 만다. 당시의 나는 분산과 위험 관리가 포트폴리오에 어떤 영향을 미치는지 잘 몰랐지만 훗날 자산관리사로 일하면서 이 두 요소를 내 직업의 핵심 목표로 여기게 되었다.

다른 사람들의 자산을 관리하던 시절, 나는 위험에서 도망칠 수 있는 자산관리사는 없다는 사실을 깨달았다. 위험은 결국 우리를 찾아온다. 그것에 대비하는 유일한 방법은 숨는 것이 아니라 정면으로 맞서는 것이다. 이 책에서 나는 내가 깨우친 여러 위험관리 방법 그리고 위험관리의 이점을 설명하려 한다. 모두 쉬운 이야기니 여러분도 개념을 쉽게 받아들이고 자신의 포트폴리오에 맞게 수정하거나 포트폴리오 성과의 새로운 개선 방법을 개발해 전천후 트레이더로 거듭날 수 있을 것이다.

투자자인가, 트레이더인가?

'오랫동안 투자'하고 있다는 이유로 사람들은 자신을 투자자라 여길 수 있고, 실제로 나는 그런 경우를 수없이 많이 보기도 했다. 하지만 자기 자산을 관리하려는 모든 이들에게 해줄 말이 있다. 우리 모두는 트레이더다! 언젠가 팔 목적으로 무언가를 사는 행위를 거래 또는 트레이딩이라고 한다. 그러므로 나는 이 책에서 금융시장이 던지는 과제를 해결하려 하는 우리 모두를 '트레이더'라 칭하려 한다.

보수적인 투자 아니면 공격적인 투자?

여러분은 아마 자신을 보수적 혹은 공격적, 이 두 유형의 트레이더 중 하나라 생각할 것이다. 하지만 나는 여기에서도 여러분의 생각을 뒤집어보려 한다. 우리 아버지는 당신을 '보수적' 트레이더로 여기셨지만 결국은 아니었다. 아버지는 위험을 부담하신 셈이고, 실제로 위기가 찾아왔다.

그러니 나는 여러분이 이제부터 트레이딩을 하면서 수익을 개선하는 동시에 위험을 줄이기 위해 노력하길 바란다. 보수적 투자자인지 공격적 투자자인지는 중요하지 않다. 여러분은 각자의 포트폴리오를 다른 누구도 아닌 자신만의 방식대로 운영할 뿐이다.

포트폴리오를 크게 또는 작게?

자산관리를 처음 시작하는 사람이라면 포트폴리오 규모가 작을 것이다. 푼푼이 모은 몇천 달러로 자산관리를 시작할 수도 있다. 나는 2,000달러가 들어 있는 증권계좌를 갖고 투자의 세계에 처음 뛰어들었던 1974년의 기억이 아직도 생생하다. 트렌드스탯 캐피털 매니지먼트 Trendstat Capital Management, 이하 트렌드스탯를 창업한 후에는 우리 팀과 함께 6억 달러의 자산을 관리하게 되었다.

자산 규모가 더 크면 이 책에서 제시하는 방법들을 더 쉽게 적용할 수 있다. 그렇다 해서 자산 규모가 작으면 개념들을 적용할 수 없다는 뜻은 아니다. 이 책에선 계산이 편하고 이해가 쉽도록 10만 달러, 100만 달러, 1,000만 달러처럼 딱 떨어지면서도 큰 금액들로 예시 포트폴리오를 제시했다. 이 정도 금액을 트레이딩하는 사람이 그리 많진 않다는 사실을 나도 안다. 그럼에도 이렇게 한 이유는 내가 설명하려는 전천후 트레이딩이라는 개념을 통해 어떤 효과를 얻을 수 있는지 보여주기 위해서다. 이 개념은 포트폴리오 규모에 상관없이 누구든 적용할 수 있다.

포트폴리오 규모가 작은 사람들은 내가 '소단위granularity 문제'라 일컫는 것 때문에 고생할 수도 있다. 간단히 말해, 내가 제시한 개념의 효과를 완벽하게 예측하는 건 큰 포트폴리오에서보다 작은 포트폴리오에서 더 어렵다는 뜻이다. 포트폴리오 규모가 작으면 결과가 복불복에 가까운 경우가 통계적으로 많기 때문이다. 트레이딩 결과에 소단위 문제가 있다는 말은 포트폴리오가 성긴 그물을 빠져나가는 작은 모래와 같다는 뜻이다. 통계적으로 봤을 때 큰 트레이딩 샘플에서 성과를 낸 개념이라 해도 제대로 작용하지 않을 가능성이 언제나 존재한다는 뜻이다. 개념을 적용하면서 소단위 문제를 겪을 가능성은 샘플 크기와 포트폴리오 규모가 클수록 낮아진다.

이는 설문조사를 할 때와 비슷하다. 열 명에게 질문해서 답변이 6:4로 갈린다면 그들이 어떤 생각을 하고 있는지 어느 정도만 파악할 수 있을 것이다. 하지만 1만 명에게 같은 질문을 하면 좀 더 신뢰할 만한 답변을 얻을 수 있다. 만약 답이 7,263:2,737로 갈렸다면 나는 규모가 더 큰 해당 샘플의 결과가 답변자들의 의견을 더 정확히 반영한다고 좀 더 확신할 수 있을 것이다. 각 샘플의 사이즈가 결과를 좌우한다. 샘플 사이즈가 클수록 더 신뢰할 만하고 더 정교하다.

적은 자산으로 포트폴리오를 시작했다면 규모를 키우도록 노력해보자. 직장에서 좀 더 열심히 일하고 아낄 수 있는 만큼 아껴 계좌를 불려보자. 전천후 기술을 탄탄하게 쌓으면 포트폴리오 크기를 키울 수 있고, 그러다 보면 언젠가 수백만 달러를 굴리는 날이 올 것이다.

남성 투자자와 여성 투자자

내 웹사이트(enjoytheride.world)의 통계를 살펴보면 팔로워와 방문자의 80퍼센트가 남성이다. 예나 지금이나 내게 투자에 대해 질문하는 여성들은 항상 있어왔다. 그러나 트레이딩의 세계에선 여전히 남성들의 참여율이 월등히 높기에, 편의를 위해 나는 트레이더를 '그$_{he}$'라고 지칭할 예정이다. 이 책에서 '그'라고 표현되는 인물은 남자인지 여자인지, 혹은 요즘 세대 트렌드에 따라 그 외 어떠한 다른 성정체성을 가진 누구인지 등과 상관없이 그저 트레이딩을 하는 사람을 가리키는 표현으로 이해하자.

자산관리에서 떼려야 뗄 수 없는 문제

지난 몇십 년과 지금의 자산관리 환경은 매우 다르다. 나는 거의 50년간 시장을 연구했는데 최근 투자자들의 행동 양상이 극적으로 변화했다. 기술발전 덕에 가격을 바로바로 확인할 수 있게 되면서 분 단위로 변동성을 측정하게 된 것이다. 트레이더들은 좋든 나쁘든 큰 움직임에 올라타게 된다. 그들이 느끼는 공황에는 이유가 있고, 공황은 빠른 속도로 찾아온다.

트레이딩에서 가장 중요한 것은 위험을 줄이는 것이다. 위험을 적극적으로 제거해 시장의 방식이 아닌 여러분의 방식대로 전투를 펼쳐야 하지 않을까? 전천후 트레이더란 바로 그런 인물이다.

전천후 트레이딩

주요 주식 시장은 변덕스럽지만, 개인 투자자들이 가장 많이 몰리는 시장이기도 하다. 이유는 간단하다. 주식은 이해하기 쉽고 대중매체의 관심을 한 몸에 받기 때문이다. 또한 주식은 매우 유동적인 경우가 많아서 몇백만 달러를 한 주식에서 다른 주식으로 옮기기도 쉽다. 주식에 투자하면서 높은 위험을 감수하는 만큼 수익도 높으리라 여기는 사람도 많다. 은퇴 전 트렌드스탯에서 일하던 시절 내 고객들은 하나같이 매끄럽게 우상향하는 자산가치 그래프를 보고 싶어 했다.

하지만 손실을 피할 방법은 거의 없다. 항상 이기는 시장에만 있을 순 없기 때문이다. 그 누구도 어느 날 또는 어느 주에 무슨 일이 일어날지 예측할 수 없다. 모든 시장은 교활한 방법으로 대부분의 시간 동안 대부분의 참여자를 속인다.

그런데 위험과 손실 가능성을 기회라 생각하면 전천후 투자에 적합한 사고방식을 가질 수 있다. 위험을 관리하면 나쁜 경험을 덜 할 수 있지만 그럼에도 여전히 나쁜 날들이 있을 것이다. 이런 경험은 우리가 투자라고 부르는 도전에 반드시 포함되는 옵션이다.

전천후 트레이더라면 시장의 변덕으로부터 자산을 보호하려 노력할 것이다. 따라서 내가 변동성을 자주 언급한다 해서 놀랄 일은 아니다. 기술 관련 주식, 상장주, 암호화폐 등의 분야에서 나타나는 변동을 비롯한 시장 변동성과 관련해서 할 이야기는 무궁무진하다. 전천후 트레이더는 변동성을 피하기보다는 이익을 얻는 데 활용한다. 야생마를 일 잘하는 가축으로 길들이는 카우보이처럼 전천후 트레이더는 변동성이 어디에서 발생할지, 또 어떻게 하면 변동성을 선제적으로 활용해 자산변동을 줄일 수 있을지에 주목한다. 위험에서 도망치는 '보수적' 투자를 통해 얻는 낮은 수익에 만족하지 않는다는 뜻이다.

전천후 트레이더는 주식이나 특정 시장을 배제하려 하지 않고, 오히려 어떤 시장에서든 수익을 얻을 방법을 고민한다. 이런 트레이딩 철학은 투자 영역을 확대하고 다양한 방식을 통해 넓은 범위에 걸쳐 전략적으로 자산을 분산시킴으로써 어떤 경제 상황에서도 수익을 얻는 능력을 길러준다.

내가 이제껏 성공적으로 적용해온 트레이딩 철학이 바로 이것이다. 어제 고안해서 오늘 적용하기 시작한 주먹구구식 전략이 아니라는 뜻이다. 나는 꽤 오랫동안 이 세계에 몸담아왔다. 개발과 수정, 실행까지의 과정에 시간이 들긴 했으나, 나는 그렇게 얻은 개념을 십분 활용해 평온한 마음으로 꾸준하고 지속적인 성과를 낼 수 있었다.

'쉬운' 길은 없다

자산을 관리하는 사람으로서 고객들이 늘 주문처럼 외우는 말을 소개하려 한다.

최소한의 위험만 부담하면서 좋은 성과를 보여주세요.

만국 공통어인 이 투자 목표는 개인 투자자들의 마음속에 깊이 뿌리를 내리고 있다. 현재의 기술로 불가능할 것 같지 않아 보이기 때문이다. 엄청난 수익을 자랑하는 이들을 중계하는 소셜미디어, 대박 터뜨릴 회사를 안다고 떠드는 자칭 전문가들에 둘러싸인 사람들은 그런 횡재가 가능하다고 믿게 된다.

하지만 실제 투자의 세계에선 어디에나 위험이 도사린다는 사실을 나는 안다. 누구도 승리를 보장할 수 없으며 손실이 분명한 투자를 확신할 수도 없다. 위험과 보상은 서로 짝꿍이고, 보상을 얻기 위해서는 위험도 감수해야만 한다.

전천후 트레이딩 계획을 세우면 여러분은 자신이 원하는 보상을 얻으면서 무슨 일이 닥칠지 걱정하지 않고, '미스터 평정심Mr. Serenity'처럼 매일 밤 두 다리를 쭉 뻗고 깊은 잠에 빠질 수 있을 것이다.

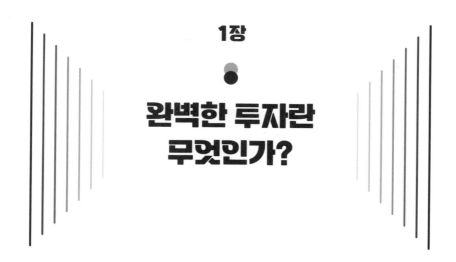

1장

완벽한 투자란 무엇인가?

완벽한 투자란 아마도 이런 것일 듯하다. 매년 20퍼센트의 수익을 가져다주고, 동향을 파악하기 쉽도록 아주 적은 수의 시장에 투자하며, 완벽한 시가 변동 예측이 가능한 온라인 플랫폼을 갖춘 위험 전무全無의 투자.

그렇다면 이런 마법 같은 투자처를 어디에서 찾을 수 있을까? 우리는 이미 답을 알고 있다. 그런 투자처는 없다! 시장에 도사리는 모든 위험에 적용할 수 있는 완벽한 해결책이 있으리라는 기대는 미신이나 마찬가지다. 그런 해결책은 존재하지 않으니까. 만약 존재한다면 자산관리사들은 그 완벽한 전략을 실현하기 위해 갖은 수를 다 쓸 테고, 우리도

자금을 어디에 투자하면 좋을지 이미 알고 있을 것이다.

완벽해 보이는 투자 전략은 있다. 사람들은 실적 좋은 투자자를 보면 그의 '비법'을 알아내 자신의 수익률을 높이려 한다. 인생역전을 가능하게 할 수익을 얻을 수 있으리란 생각에 사로잡힌 이들은 완벽한 투자처를 찾기 위해 노력한다. 직접 전략을 짜든 전문 자산관리사를 고용하든, 투자자라면 자신의 계좌가 안전한 상태로 계속 불어날 거란 기대가 깨지지 않길 바란다.

수익률이 떨어지면 어떻게 될까? 투자자들이 공황에 빠지는 것이 바로 이때다. 투자자와 재무설계사 사이에 금이 가기도 한다. 투자자들은 재무설계사에게 나쁜 상황을 뒤집을 마법의 공식이 있을 거라 으레 기대한다. 모든 고객에게 꼭 맞는 만능열쇠 같은 전략은 존재하지 않으니, 이런 기대는 망상일 뿐이다.

트레이더들은 투자 과정에서 손실을 경험할 수밖에 없다. 이때 공황에 빠지면 어떤 투자 대상을 언제 사고팔지 결정하기가 힘들어진다. 시장에 불안감이 조성되면 트레이더는 치밀하게 짜둔 원래의 계획을 버리고 상황에 더 잘 맞는 전략을 찾고 싶어 한다. 투자에서 남의 떡이 더 커 보이는 것은 그저 착각이라는 내 말을 새겨듣길 바란다. 모두에게 통하는 만능 투자 공식은 단언컨대 없다.

트레이더로서 우리는 끊임없이 완벽한 전략을 찾는다. 그런 건 존재하지 않는다는 사실을 잘 알면서도 말이다. 개인투자자와 자산관리사 또한 완벽한 전략을 손에 쥘 수 없다는 사실을 알고 있으면서도 계속해서 계획을 수정하며 그것을 찾아 헤맨다. 이런 면에서 투자는 골프와

닮았다. 열여덟 개의 버디를 쳐서 만점짜리 경기를 펼치려 노력할 수는 있지만 이제껏 그런 일은 일어난 적이 없다.

투자를 골프에 계속 비유한다면 재무설계사들은 골프장 소속 프로 선수들이라 할 수 있을 것이다. 골프장에 소속된 프로 선수들은 그라운드에 관해 속속들이 알고 있다. 이들은 경기를 앞두고 용품 판매점에 들른 사람들의 궁금증을 해결해준다. 최신 동향을 파악하고 있을 뿐 아니라 어떤 구역에서 경기가 잘 풀리는지, 다른 골퍼들은 어떤 구역에서 고전하는지도 꿰고 있다. 그래서 골퍼들은 첫 타를 치러 나가기 전 이들에게 이것저것 묻고 싶어 한다.

하지만 아무리 방대한 지식을 가지고 있다 해도 프로 선수들은 그들을 찾는 모든 사람들에게 같은 조언을 해줄 수 없다. 모든 골퍼가 다 같진 않기 때문이다. 골퍼들의 능력치는 저마다 다르다. 스크래치 골퍼*와 핸디캡이 매우 큰 골퍼는 경기할 때 필요로 하는 조언이 서로 다르고, 동일한 정보를 원하지도 않는다. 골퍼마다 좋은 스코어의 기준 또한 다르다. 핸디캡이 매우 큰 골퍼가 90타로 경기를 마무리한다면 운이 좋았다며 기뻐하겠지만, 스크래치 골퍼라면 그날을 기억에서 지워버리고 싶을 수도 있다.

똑같은 골퍼가 없듯 트레이더도 마찬가지다. 위기에 대응하는 트레이더들의 자산과 능력치, 전략 수립에 쓸 수 있는 시간, 그 전략의 실행

---

* 골프에서 평균 스코어 수준을 나타내는 지표인 핸디캡이 0인 골퍼. 예를 들어 핸디캡이 8인 골퍼는 파 72코스에서 평균 80타를 친다는 의미임.

을 위해 매일 투자할 수 있는 시간은 저마다 다르다. 내 방식을 그대로 베껴 투자하려 한다는 건 내가 잭 니클라우스Jack Nicklaus나 타이거 우즈Tiger Woods의 방식으로 골프 경기를 하겠다며 덤비는 것만큼이나 말도 안 되는 짓이다. 우리는 각자 풀어야 할 문제가 다르고, 트레이더마다 그 문제를 푸는 해결책 또한 다르다. 나는 여기에서 여러분으로 하여금 전천후 트레이더가 된다는 것이 무엇을 의미하는지 생각하게 하고, 좋은 시절을 누리면서도 앞으로 닥쳐올 폭풍을 헤쳐나갈 수 있는 자신만의 전략을 세울 수 있도록 도울 생각이다.

머니게임

여러분 중에는 골프를 쳐본 사람이 꽤 많을 것이다. 골프를 좋아하든 싫어하든 여러분이 흥미롭게 여길 만한 사실이 하나 있다. 골프에서 이제껏 퍼펙트 스코어를 받은 사람은 없다는 사실이다. 일반 골프장에서의 만점짜리 점수는 아마 54타쯤 될 것이다. 다시 말해 18번 홀에 떨어진 여러분의 마지막 퍼팅이 54번째 샷일 거란 뜻이다.

15세기부터 시작된 스포츠 경기에서 지금껏 만점을 받은 선수가 없다니 놀라울 따름이다. 이제껏 있었던 골프 선수는 수백만 명에 이른다. 특히 지난 몇십 년 동안은 전 세계가 프로 골프에 관심을 가졌다. 요즘 부모들은 자녀를 아주 어릴 때부터 골프 선수로 키워 PGA 투어에 참여해 이름을 날리길 바란다. 타이거 우즈, 필 미컬슨Phil Mickelson, 안니카

소렌스탐Annika Sorenstam은 셀 수 없이 우승 트로피를 거머쥔 선수들이지만 완벽한 스코어를 기록하진 못했다. 개인적으로 최고의 경기를 펼친 후 인터뷰에서 그들은 "7번 홀에서 2.4미터짜리 퍼팅에 성공했다면 한 타를 줄일 수 있었을 테죠" 같은 답을 하곤 한다.

이런 선수들이 훌륭하지 않다는 뜻이 아니라, 인간이라면 저지를 수밖에 없는 실수 때문에 모든 샷을 완벽하게 칠 순 없다는 사실을 말하고 싶을 뿐이다. 매 경기에는 여러 변수가 도사린다. 경기에서 날리는 수없이 많은 스윙 중 한두 번쯤은 슬라이스나 훅*이 나오게 마련이다. 패스트 그린**에서 퍼팅을 잘못 읽고 빠른 스윙을 날려 언덕 밑 잔디가 무성한 러프로 공을 빠뜨리기도 한다.

프로 골퍼든 자산관리인이든 때때로 골프를 치는 사람이라면 누구든 필드에 나갈 때는 지난번보다 나은 경기를 펼치고 싶어 할 것이다. 경기를 즐기면서도 전에 저질렀던 실수를 반복하지 않으려고 노력할 테고 말이다.

또 연습을 할 때는 실력을 향상시키려 노력한다. 경기에서 약점이었던 요소가 없어질 때까지 연습을 하고 새로운 약점을 찾아 수정한다. 타이거 우즈에겐 비거리 300미터짜리 공을 날리던 시절이 있었다. 전성기 때 그의 샷은 눈으로 보고도 믿을 수 없을 정도로 훌륭했다. 하지만

- • 오른손잡이 골퍼의 경우 슬라이스는 오른쪽으로, 혹은 왼쪽으로 공이 심하게 휘는 것을 뜻함. 왼손잡이는 그 반대임.
- •• 공이 잘 구르는 퍼팅 그린.

당시의 타이거 우즈도 퍼펙트 스코어를 만들어내진 못했고 다른 선수들처럼 연습에 매진했다.

트레이딩도 마찬가지다. 이제껏 누구도 만점짜리 투자를 하진 못했으며, 스스로 만점짜리 투자를 했노라고 자신하는 자산관리인은 전 세계를 통틀어 없을 것이다.

골프처럼 트레이딩도 꾸준히 연습해야 한다. 트레이더가 할 수 있는 일은 연습을 게을리하지 않으면서 더 나은 투자를 할 수 있게끔 최선을 다해 노력하는 것뿐이다. 골프에서 슬라이스나 훅 샷을 칠 위험은 언제나 존재한다. 위험은 피할 수 없다. 골프를 치려면 위험을 감수해야만 한다는 뜻이다.

위험은 늘 가까이에 있다는 진리는 투자의 세계에서도 통한다. 여기에서 이기려면 위험을 줄여야 한다. 가령 잠재 수익률이 12퍼센트지만 위험이 많이 따르는 전략은, 잠재 수익률이 10퍼센트지만 위험이 현저히 낮은 전략보다 훨씬 나을까? 2퍼센트를 포기할 가치가 있을까? 수학적으로 옳은 판단일까? 심리학적으로는? 자는 동안 수익률에 영향을 미칠 만한 위험의 발생 확률이 낮아진다는 것을 알게 되면 밤에 잠을 더 푹 잘 수 있을까?

골프에서 완벽한 점수를 기록할 순 없지만 그렇다 해서 연습을 그만둬선 안 된다. 연습을 꾸준히 하다 보면 필드에 나가서 실력을 증명할 수 있게 된다. 트레이딩에서도 같은 마음가짐이 통한다. 포트폴리오를 통해 모든 위험을 줄여 좋은 실적을 내도록 계속 노력해야 한다. 나는 여러분에게 위험이 전혀 없는 완벽한 포트폴리오나 완벽한 트레이딩 전략은 존재하지 않는다는 사실을 받아들이라고 조언하고 싶다. 여러분이 할 수 있는 일은 여러 선택지를 비교하고, 데이터를 연구하고, 전략을 수정하고, 성공하기에 가장 유리한 기반을 마련하는 것이다. 그렇게 하고 나면 내가 트레이더 친구들에게 자주 이야기하는 것처럼 여러분은 '투자 과정을 즐길' 수 있을 것이다.

자기자본 대 순자산

미래 계획은 투자에서 성과를 얻기 위해 여러분이 무엇을 할 수 있느냐에 좌지우지된다. 위험이라는 요소가 두려움이 되어 투자자들의 마음속에 번지는 것도 이 때문이다. 위험을 감수한다는 건 포트폴리오에서 상당한 손실을 볼 수도 있다는 뜻이고, 그렇게 되면 향후 전망이 흐려지기 때문이다. 다음 연도의 예상 수입이 1000만 달러라는 사실을 알고 있는 상황에선 그 돈을 어떻게 쓸지도 계획할 수 있다. 언제 일감이 생길지 일정을 미리 알 수 있다면 할 일이 생길 때까지 필요한 준비를 마칠 수도 있을 것이다.

미래를 알 수 없으면 준비하기가 까다로워진다. 여러분의 트레이딩 전략이 수익을 내는 전략일지 그 반대일지는 미리 알 수 없다. 포트폴리오를 통해 앞으로 어느 정도의 수익을 낼 수 있을지 또한 알 수 없고, 시장이 어떻게 변할지에 대해서도 알 수 없다. 여러분의 재무 계획은 그 너머를 볼 수 없도록 짙게 깔린 구름이나 마찬가지다. 과연 그 너머를 상상하며 스트레스를 받지 않을 수 있을까?

　보편적인 투자 목표에 집중하는 사람들은 매우 많다. 이들은 위험은 낮게 유지하고 수익은 높여 자기자본을 계속 늘리려 하는데, 보호해야 할 자산에 대한 내 생각은 조금 다르다. 우리가 진짜 지켜야 할 것은 자신의 순자산net wealth이지 자기자본net worth이 아니다. 이 둘은 서로 다르다. 자기자본은 자기 자산의 가치를 측정하는 모두가 사용하는 용어다. 하지만 구매력은 자기자본이 아닌 순자산에서 나온다. 자기자본은 자신이 가진 것에서 자신이 빚진 것을 뺀 금액을, 순자산은 자기자본에서 실제로 소비할 수 있는 금액을 뜻한다.

　투자의 세계에서 다른 무엇보다 어떤 자산을 중요하게 여길 것인지 생각해야 한다. 새로운 관점을 얻으려면 순자산에 집중해보자. 주어진 자산 수준에서 가능한 최대의 성과를 얻었으나 만약 부정적인 통화문제가 성과 이상으로 발생한다면 수익은 모두 물거품이 될 것이다. 특정 통화의 가치에 대한 투자 수익을 생각해보자. 주어진 기간 동안 미국 시장을 기반으로 하는 투자에서 8퍼센트의 수익을 거뒀지만 미국 달러의 구매력이 9퍼센트 하락한다면 결론적으로 이익을 얻은 것일까? 물론 수치상으로 보이는 자기자본은 늘었지만 달러 가치를 고려하면 결과적으로 순자산과 구매력에는 손실이 있었다고 볼 수 있다.

　현금 자산을 보관하기 위해 사용하는 저축예금 또는 정기예금에서 다른 예시를 찾을 수 있다. 현재 이런 예금들은 최대 5퍼센트의 연간 수익률을 보장한다. 내가 이 글을 쓰고 있는 최근 몇 달 동안 연간 인플레이션이 약 8퍼센트 정도임을 고려하면, 이런 예금에 투자하는 이들은 실제로 순자산에서 손실을 보고 있는 셈이다. 현금을 보관할수록 구매력을 잃는다는 뜻이다.

세계의 모든 통화는 계속해서 인플레이션을 겪어왔다. 미국 달러를 비롯한 외국 통화는 마치 누가 먼저 바닥을 찍을지 경주라도 하듯 빠른 속도로 가치를 잃었고, 모든 국가는 그 경주에서 이기기 위해 애쓰는 것처럼 보였다. 정말 미친 시대가 아닌가!

당연히 변화는 빠르게 일어날 수 있다.

이 책을 집필 중인 지금은 통화의 가치가 폭락하고 암호화폐가 주목받고 있다. 이런 유행이 몇 년, 몇십 년 후에도 계속될까? 그럴 수도 있다. 하지만 잊지 말고 규제와 제한을 염두에 두어야 한다. 국가는 가장 이익이 되는 방식으로 법률을 만들 것이고, 자산을 지키고 싶다면 그런 법률들을 잘 확인해야 한다.

그림의 떡은 그림의 떡일 뿐

법률, 규제, 외부 요인 및 기타 미신들 때문에라도 완벽한 투자는 존재할 수 없다. 투자 과정에 끼어드는 요소가 너무 많으니 말이다. 우리 결정에 영향을 미칠 수 있으니 확인해야 할 정보가 너무 많다. 잡지, 신문, 비즈니스 채널과 팟캐스트 또는 동료나 이웃과 나누는 대화도 여러분의 생각을 새롭게 바꿔놓을 수 있다. 매수 후 보유 전략으로 성공하기 힘든 것도 이 때문이다. 우리 주변에 머물며 생각을 흐리는 수많은 유혹들 때문에 우리는 다른 투자로 눈을 돌리게 된다.

친구에게 들은 유행 자산관리 전략으로 성과를 낸 적이 몇 번이나 있는가? 새로 상장되었거나 상장될 암호화폐 또는 유망한 투자 유행의 홍보 문자메시지를 이제껏 몇 통이나 받았는가? 친구들과의 대화가 현재 자신의 전략을 신뢰하는 데 있어 얼마나 도움을 되었는가? 여러분이 투자의 세계에 있는 99퍼센트의 투자자에 해당한다면 이러한 소식들은 잘 짜놓은 전략을 버리고 다른 무언가에 눈을 돌리도록 여러분을 부추길 것이다.

우리는 일상에서 돈과 투자라는 주제를 매일 접한다. 자금을 한 군데에 투자해놓고 20년 동안 한 번도 살펴보지 않을 순 없다. 자산관리사 고객들 모두에게 해당하는 이야기다. 전천후 트레이더가 되는 과정에서 여러분은 이런 사실을 고려하고, 언제나 옳은 시장에 투자하고 싶은 욕망을 누를 수 있을 것이다.

11장에서 논의하겠지만, 방해 요인을 최대한 줄이는 나의 투자 관리 방식에는 내 마음가짐이 큰 역할을 했다. 나는 내 고객과 나 자신을 위해 지난 50년 동안 트레이딩을 해왔고, 그동안 유행하는 투자 전략이나 수익률을 좇느라 감정의 소용돌이에 빠지는 트레이더를 많이 봐왔다. 이 책에서 여러분에게 공유하려는 접근 방식은 이러한 경험을 바탕으로 고안되었다. 이 접근 방식은 손실을 분산하는 투자 철학이자, 일상에서 주워들은 정보를 바탕으로 잘 짜놓은 계획을 극단적으로 변경하게 만드는 감정적 욕구로부터 포트폴리오를 지켜줄 철학이기도 하다.

손실과 복구는 대칭적으로 일어나지 않는다

이는 금융 언론에서 여러 번 언급된 바 있지만 여기에서도 언급할 가치가 있을 것 같다. 손실을 볼 때마다 원래의 본전을 찾기 위해선 손실률보다 훨씬 더 큰 비율의 수익을 거둬야 한다. 다음 표의 숫자들을 눈여겨보자.

● 손실률 및 원금 복구에 필요한 수익률

손실률(%)	원금 복구에 필요한 수익률(%)
−1.00	+1.01
−5.00	+5.26
−10.00	+11.11
−20.00	+25.00
−30.00	+42.86
−40.00	+66.67
−50.00	+100.00

트레이더가 손실을 비교적 적게, 가령 20퍼센트 미만으로 유지한다면 자산 그래프에서 새로운 고점을 찍을 정도의 수익을 내는 것도 영 불가능한 일은 아니다. 하지만 손실률이 감당 불가능한 정도에 이르면, 원금을 복구하고 그 이상의 실적을 내기 위해 꽤나 어마어마한 수익을 내야 하는 어려운 과제를 떠안아야 할 것이다.

준비하라

준비해서 나쁠 건 하나도 없다. 사람들은 폭풍에 대비해 물과 화장지, 통조림 등을 쟁여놓는다. 드론이 물건을 배달해줄 만큼 기술이 발달한 시대에 살면서도 우리는 음식이나 물을 새로 사지 않아도 몇 주를 버틸 수 있을 만큼 준비한다. 건강과 생존에 필요한 것들을 준비할 열의가 있다면 자산의 안전에 영향을 미칠 수 있는 사건들에 대비하는 데도 그만큼의 열의를 보여야 하는 것이 맞다.

완벽한 투자는 없지만 완벽에 가깝게 만들기 위해 참고할 수 있는 주요 지표들이 있다. 우선 자신이 어느 정도의 위험을 감수할 수 있는지 알아야 한다.

우리 아버지의 전략은 위험을 감수하지 않는 것이었다. 아버지는 수익이 더디게 발생하더라도 안전한 투자를 원하셨다. 기술주에 투자하는 요즘 사람들과 아버지를 비교하자면 위험을 보는 시각이 극과 극인 셈이다. 자신이 감당 가능한 위험이 어느 정도인지를 투자 시작 전에 고려하지 않는 것은 작은 통통배를 타고 거친 파도가 몰아치는 바다로 뛰어드는 셈이다.

다음 단계는 잠재 위험을 파악하는 것이다. 이제까지의 추세를 살피고, 의문을 갖고, 이 책과 같은 도서들을 읽으며 지식을 넓히고 있는가? 유동성과 비용을 따지고 고려 중인 특정 전략을 시뮬레이션하고 있는가? 이런 과정을 거치면 여러분은 평범한 사람들보다 다양한 시나리오에서 살아남을 준비를 잘 할 수 있게 된다.

나도 모든 비법을 다 알고서 태어나지는 않았다. 젊은 시절에는 우선 내 자산을 관리하는 방법부터 터득해야 했다. 그 후 28년 동안 증권거래위원회Securities and Exchange Commission, SEC에 등록된 투자자문가이자 상품선물거래위원회Commodity Futures Trading Commission, CFTC에 등록된 원자재 트레이더로서 자산관리 업계에 몸담았다. 20년 동안 외환 트레이더로 활약하기도 했으며, 2003년에 은퇴한 뒤엔 개인 투자자의 포트폴리오에 맞는 트레이딩 전략을 거의 20년 가까이 고안하고 운영했다. 이 바닥에서 몇십 년을 보내는 동안 나는 다양한 위기에 대응 가능한 전략들을 세웠다.

이 책은 내가 이제껏 배우며 수정을 거친 지식들을 다른 사람들도 각자의 상황에 맞춰 적용할 수 있을 거란 믿음으로 한데 모은 결과물이고, 내가 평생 쌓아온 지혜의 정점이기도 하다. 나는 반세기 동안 위험을 대비하고 관리하며 위험에 맞섰다. 위험에 흔들릴 때도 분명 있었지만, 시간과 에너지를 쏟아 그것에 맞선 결과 나는 폭풍의 반대쪽으로 나올 수 있었다. 위험에 맞서려는 이들의 삶에 도움이 되리라는 자신감으로 이 책을 쓸 수 있었던 것도 준비를 든든히 한 덕분이다.

완벽한 투자나 완벽한 전략은 없을지 모르지만 어려움에 접근하는 완벽한 철학은 있다. 바로 꾸준히 연구하며 다가올 미래를 준비하는 것이다. 투자는 날씨처럼 끊임없이 변덕을 부린다. 그러니 만약을 대비해 비상용 우산을 준비해두면 좋을 것이다.

2장

전천후 투자 철학
만들기

세상에 완벽한 투자가 없다는 사실은 투자자도 자산관리사도 알고 있다. 1장의 내용은 시장에 조금이라도 노출된 적이 있는 사람이라면 누구나 들어봤을 이야기다. 변동성이나 손실은 언제나 우리의 예상 범위 안에 있다. 그럼에도 우리는 자신보다 나은 성과를 거둔 이들을 보며 이성을 잃곤 한다. 전쟁에서 승리하는 전략이 아니라 당장의 전투에서 이기는 데 집중하는 전략을 여태껏 믿어온 탓이다.

투자회사와 투자자는 다양한 수준의 전략들을 적용하는데, 모든 전략의 기본 개념은 위험 관리다.

가장 성과가 좋은 시장은 어디인가? 투자자들의 자금은 어디로 흘러갔고 어디에서 가장 높은 수익률을 보였는가?

단기투자 개념으로 많은 투자자들이 받아들인 이런 근시안적 관점으로는 포트폴리오를 오래 유지할 수 없다. 이런 트레이더들은 코앞에 닥친 전투에서 이기는 데만 급급해 전쟁에서 승리해야 한다는 사실을 잊곤 한다. 그들은 자신들이 합리적이라고 생각하는, 하지만 바라는 대로 풀리지 않을 판단을 하게끔 현혹되어 보다 좋아 보이는 새로운 아이디어에 따라 전략을 바꾼다. 전략을 바꾸고, 그것에 실망하기를 반복하는 것이다. 이래서는 투자 과정을 즐길 수 없다.

나는 여러 해 동안 재앙의 전조를 지켜보았다. 트레이더들은 전천후 트레이더가 되기 위한 요소를 충족하는 완전한 전략을 찾지 못한다. 시장이 한쪽으로 심하게 치우치면 트레이더의 머릿속에선 불리한 상황에 처한 전략에서 탈출하고 싶은 생각이, 또 한편으로는 '종목이 저렴해진 김에 좀 더 사야 할까' 하는 생각이 들 것이다. 시장이 반대쪽으로 움직여 원래의 상태로 돌아오면 생각은 다시 한번 바뀔 것이다. 자신에게 끊임없이 싸움을 걸어오는 이런 생각과 전문가의 조언들은 제대로 된 전략이 없는 트레이더에게 스트레스를 유발하고 의심을 불러일으켜 형편없는 방식으로 트레이딩을 하게 만든다. 다양한 상황이 펼쳐지며 동향이 수시로 변하는 시장에서 그때그때 손실을 만회하는 데 급급한 트레이더가 많은 이유다.

편견을 시험하라

전천후 트레이더가 되면 여러 문제를 한 번에 해결할 수 있다. 포트폴리오가 완전히 무너질 위험이 줄어 긍정적인 마음가짐으로 트레이딩하며 두 다리를 뻗고 잘 수 있을 뿐 아니라 트레이딩 프로세스의 목표도 단순해진다.

이 전략은 트레이더가 인식한 다양한 유형의 위험에 직접 맞선다. 위험에 직접 대처하는 방식을 통해 트레이더는 통제력을 어느 정도 확보할 수 있다. 트레이더는 의식적으로 자신이 지닌 편견을 드러내지만, 무의식에서는 전천후 방식을 선호하게 되어 있다. 나는 여러분 스스로 해볼 수 있는 간단한 테스트 덕분에 이 사실을 알고 있다.

이제부터 다양한 투자 수준에서의 수익률 흐름을 나타낸 표를 살펴보며 자신이 어떤 투자를 선호하는지 알아보자. 이 표는 세세한 정보를 포함하고 있진 않지만 널리 사용되는 지표를 바탕으로 다양한 자산 수준에서의 실제 수익률을 참고하여 만들어졌다. 여러분은 데이터를 연구하고 어떤 전략이 최선인지 결정할 수 있을 것이다. 왜 그 전략이 이상적인지 자신에게 묻고 그 이유를 손수 적어봐도 좋다. 연간 수익률 통계는 지난 21년 동안의 실제 시장을 반영했다. 각자 어떤 전략에 끌리는지 생각해보자.

● 나는 어떤 투자 성향을 갖고 있을까?

연차	A	B	C	D	E
0	−9.1%	11.6%	11.7%	1.3%	1.3%
1	−11.9%	8.4%	−0.1%	−1.7%	−6.0%
2	−22.1%	10.3%	26.1%	−5.9%	2.0%
3	28.7%	4.1%	11.9%	16.4%	20.3%
4	10.9%	4.3%	2.7%	7.6%	6.8%
5	4.9%	2.4%	0.7%	3.7%	2.8%
6	15.8%	4.3%	8.2%	10.1%	12.0%
7	5.5%	7.0%	8.6%	6.2%	7.0%
8	−37.0%	5.2%	20.9%	−15.9%	−8.1%
9	26.5%	5.9%	−4.8%	16.2%	10.8%
10	15.1%	6.5%	13.1%	10.8%	14.1%
11	2.1%	7.8%	−7.9%	5.0%	−2.9%
12	16.0%	4.2%	−3.5%	10.1%	6.2%
13	32.4%	−2.0%	2.7%	15.2%	17.5%
14	13.7%	6.0%	19.7%	9.8%	16.7%
15	1.4%	0.5%	0.0%	1.0%	0.7%
16	12.0%	2.6%	−6.1%	7.3%	2.9%
17	21.8%	3.5%	2.2%	12.7%	12.0%
18	−4.4%	0.0%	−8.1%	−2.2%	−6.2%
19	31.5%	8.7%	9.2%	20.1%	20.4%
20	18.8%	7.4%	6.3%	13.1%	12.5%
연평균수익률	6.6%	5.1%	5.0%	6.4%	6.5%
최저수익률	−37.0%	−2.0%	−8.1%	−15.9%	−8.1%

이제 여러분이 선택한 투자 종목이 무엇이었는지 살펴보자.

투자 대상 공개

연차	S&P500 지수에 포함된 주식	미국 종합채권 지수에 포함된 채권	SG 트렌트 지수 포함 선물 매매형 원자재	주식/채권 50:50	주식/선물 50:50
0	-9.1%	11.6%	11.7%	1.3%	1.3%
1	-11.9%	8.4%	-0.1%	-1.7%	-6.0%
2	-22.1%	10.3%	26.1%	-5.9%	2.0%
3	28.7%	4.1%	11.9%	16.4%	20.3%
4	10.9%	4.3%	2.7%	7.6%	6.8%
5	4.9%	2.4%	0.7%	3.7%	2.8%
6	15.8%	4.3%	8.2%	10.1%	12.0%
7	5.5%	7.0%	8.6%	6.2%	7.0%
8	-37.0%	5.2%	20.9%	-15.9%	-8.1%
9	26.5%	5.9%	-4.8%	16.2%	10.8%
10	15.1%	6.5%	13.1%	10.8%	14.1%
11	2.1%	7.8%	-7.9%	5.0%	-2.9%
12	16.0%	4.2%	-3.5%	10.1%	6.2%
13	32.4%	-2.0%	2.7%	15.2%	17.5%
14	13.7%	6.0%	19.7%	9.8%	16.7%
15	1.4%	0.5%	0.0%	1.0%	0.7%
16	12.0%	2.6%	-6.1%	7.3%	2.9%
17	21.8%	3.5%	2.2%	12.7%	12.0%
18	-4.4%	0.0%	-8.1%	-2.2%	-6.2%
19	31.5%	8.7%	9.2%	20.1%	20.4%
20	18.8%	7.4%	6.3%	13.1%	12.5%
연평균수익률	6.6%	5.1%	5.0%	6.4%	6.5%
최저수익률	-37.0%	-2.0%	-8.1%	-15.9%	-8.1%

아마 여러분은 선물과 주식에 절반씩 투자하는 E 전략을 선택했을 것이다. 왜 그렇게 생각하느냐고? 그 외 다섯 가지 전략은 수익률이 모두 엇비슷한 수준(+5.5~+6.0%)인 데 반해 최저수익률이 극단적 차이(-2.0~-37.0%)를 보이기 때문이다.

그렇다면 주식이나 선물에만 투자하는 전략을 선택하지 않았을 거라 생각하는 이유는 무엇이냐고? 간단하다. 감수해야 할 위험은 같거나 더 큰데 수익률은 더 적기 때문이다.

이러한 간단한 예는 흥미로운 사실을 보여준다. 데이터 없이 투자 전략 이름만 있었다면 과연 선물매매와 주식에 반반씩 투자하는 전략을 선택했을까? 가슴에 손을 얹고 생각해보자. 선물매매가 너무 위험하다고 생각하거나 "그 투자 대상에 대해 나는 아는 게 없어"라 말할 수도 있고, 그 외 다양한 이유로 이 전략을 등질 수 있다.

하지만 공정할 수밖에 없는 상황에서 사람들은 논리적인 결정을 내리곤 한다. 편견을 가진 사람은 성장주에 투자할 가능성이 높지만, 참고할 수 있는 데이터만 있다면 같은 환경이라 해도 똑같은 결정을 내리진 않을 것이다.

이름표를 떼고, 편견을 버리고, 투자 상품들이 갖는 이미지를 지워버리고서 각자의 재정 문제를 해결하기에 가장 적절한 트레이딩 전략을 세워야 한다는 것, 이것이 여기에서의 교훈이다. 사용 가능한 도구들에 제한을 둘 필요가 있을까? 이 과제를 풀 수 있는 대안들을 최대한 많이 고려해야 한다.

중요한 것은 이름이 아닌 전략이다

어느 일요일 세인트루이스 외곽에서 흥미로운 아침을 보낸 적이 있다. 레버리지가 매우 낮은 선물 트레이딩 프로그램에 관한 설명회에 강연자로 초청되어 개인 투자자들 앞에 섰던 날이다. 해당 프로그램은 약 스무 개 시장에 액면가로 트레이딩하는 것이었다. 레버리지가 전혀 없고 추가증거금을 요구당할 위험도 없으며 법적 문제가 생길 위험 역시 없지만 수익률은 아주 미미한 프로그램이었다.

그날의 프레젠테이션은 다양한 투자의 실제 상품명만을 보고 각각의 상품이 보수적인지 위험한지 꼬리표를 붙이는 활동으로 시작되었다. 나는 청중에게 1부터 8까지의 꼬리표를 각각의 투자 상품에 붙여달라고 부탁했다. 1이 가장 위험한 투자, 8은 가장 덜 위험한 투자를 의미했다. 질문이 있느냐고 물었지만 아무도 나서지 않았기에 바로 설문조사를 시작했다. 꽤 간단한 조사였기 때문에 모두 신속하게 주어진 과제를 마쳤다.

다음 페이지 표에 여러분도 재미 삼아 한번 해보자.

투자	위험도 순위
국채	
선물	
원자재	
주식	
뮤추얼펀드	
외화	
부동산	
금	

　　나는 설문지들을 걷어 종합 순위를 매겼다. 그리고 그 결과는 그리 놀랍지 않았다.

투자		위험도 순위
	국채	8
	선물	2
	원자재	1
	주식	5
	뮤추얼펀드	6
	외화	3
	부동산	7
	금	4

내가 연단에서 하려던 이야기에 큰 도움이 되는 결과였다. 이 정보를 바탕으로 나는 질문했다. "이러한 투자 대상에서 제가 어떻게 위험을 관리하는지 알고 싶으십니까?" 강당 안의 모든 이들이 나를 멍하니 올려다보았다. 사람들은 내 말의 뜻을 이해하지 못했고, 나는 다음 슬라이드를 띄우며 내가 생각하는 투자 대상 관리 방식을 짧게 설명했다.

● 다양한 투자 위험도 순위 예측 및 전략 설명

투자	위험도 순위	관리 전략
국채	8	10% 마진거래, 30년 만기(위험)
선물	2	액면가 트레이딩, 레버리지 없음, 추세추종 (재미 보기 힘듦)
원자재	1	액면가 트레이딩, 레버리지 없음, 추세추종 (수익 실현까지 인고의 시간 필요)
주식	5	공모주 매수 후 1개월 이내 매도(불확실한 수입)
뮤추얼펀드	6	여러 펀드 매수 후 매도(약세장에서 50% 하락 위험)
외화	3	3% 마진 트레이딩, 중단기적 추세추종(매우 위험)
부동산	7	계약금 없이 임대(자산 날려먹기 딱 좋음)
금	4	금 주화 수집(매수/매도 호가 차이가 어마어마하게 큼)

여기까지 하니 사람들 머리 위에 전구가 켜졌다. 켜진 전구는 '평범한' 투자자들을 비췄고, 그들로 하여금 다양한 투자 영역에 관해 그간 가졌던 이미지가 자신의 경험이나 다른 사람들의 입김, 언론에서 해당 투자 영역을 다루는 방식을 바탕으로 왜곡되어 있다는 사실을 깨닫게 해주었다. 그날 모두가 깨달은 교훈은, 위험의 정도는 위험을 관리하는

방식에 달렸다는 것이었다. 만약 내가 목록에 더 많은 시간을 썼다면 모든 항목을 보수적이고 지루한 투자로 만들거나 포트폴리오에 해가 되는 투자로 만들 수 있었을 테고, 아니면 극단적인 두 경우 가운데 어디쯤을 찾을 수도 있었을 것이다. 핵심은 '투자를 어떻게 관리할 것인지 내게 묻고, 사용 전략에 따라 위험이 얼마나 되는지를 깨닫는 것'이었다.

이 문제는 전쟁에서 이기느냐, 전투에서 이기느냐 하는 문제로 다시 돌아간다. 마케팅 유형에 따라 기술주 같은 투자 대상이 빠르게 성장한다는 생각에 힘이 실릴 수 있고, 우리는 '큰' 수익을 거두는 이들을 보며 자신도 그중 하나가 되고 싶어 한다. 하지만 이렇게 단기간에 거두는 성과는 투자라는 긴 전쟁에서 거두는 아주 작은 승리에 불과하다. 단기적인 성과를 이룬 이들이 잠깐 주목받을 수는 있겠지만, 투자라는 장기전을 치를 수 있는 건 전쟁에서의 승리를 위해 단기적이고 즉각적인 만족을 포기할 줄 아는 트레이더들이다.

이는 내가 트렌드스탯과 내 포트폴리오를 운영하며 적용한 장기적 철학이었다. 이 철학은 주식 시장과 단기금리, 원유 가격 하락은 물론 뉴스나 전쟁, 팬데믹, 연방준비제도이사회의 결정, 경제에 영향을 미치는 기후변화에 따라 격렬하게 변하는 시장에서 풍파를 맞으며 검증을 마쳤다. 그리고 나는, 시장이 상승하건 하락하건 횡보하건 어떤 위험에도 대처할 수 있는 완전한 트레이딩 전략이 마련되어 있다고 믿으며 그동안 매일 해왔던 일을 멈추지 않고 있다.

나의 이야기

포트폴리오를 보호해야겠다는 생각을 처음 했을 때의 나는 어리고 열정 넘치는 투자자였다. 신문배달부로 일하던 나는 열두 살 무렵 통장에 모아둔 돈으로 성장주 뮤추얼펀드를 샀고, 신문 배달을 하며 번 돈으로 매달 투자 금액을 늘려나갔다. 하지만 1960년대 시장이 요동치는 바람에 스물두 살에 클라크슨 대학교에서 화학공학과 학사 과정을 마칠 때쯤에야 겨우 원금을 회복할 수 있었다. 나는 그제야 위험이라는 것을 인식했다.

아버지가 겪은 저축대부조합 사건은 내게 크게 영향을 미쳤고, 나는 성인이 된 후 내가 올바른 투자 전략을 적용하고 있는지 확실하게 해두고 싶었다. 화학공학과 학사학위를 받았지만 언제나 투자에 지대한 관심을 쏟은 것은 그 때문이다.

화학공학자로 첫 직장에 들어가선 동료 공학자들과 점심 식사를 함께했다. 대부분은 화학공학자들이었지만 그중에는 기계공학자도 몇 있었다. 우리는 주식중개인과 대화하는 것처럼 투자 관련 이야기를 나눴는데, 다들 어떻게 하면 포트폴리오 성적을 높일 수 있을지 궁금해했다. 동료 대부분은 재무설계사에게서 조언을 듣거나 소식지를 구독해 문제를 해결하려 했고, 그들은 모두 같은 조언을 듣게 되었다. 주식은 매수한 후 오랫동안 보유하고 있어야 하며, 시장에서 적절한 매매 시점을 찾을 순 없다는 것이었다.

내 눈에는 투자의 세계에 있는 모든 전문가들이 인내심을 갖고 장기적인 주식투자 전략을 고집하면 모든 일이 잘될 것이라며 사람들을 세뇌하고 있는 듯 보였다. 하지만 인간의 본성은 그렇지가 않다. 앉아서 자기 자산이 늘었다 줄었다 하는 모습을 느긋하게 구경할 수 있는 사람이 있을까? 20퍼센트나 손실을 보고도 아무렇지 않을 수 있는 사람은 없을 것이다. 보기에는 그럴듯하지만 어떤 투자자도 다른 투자 전략에 관한 의견이나 제안에 흔들리지 않고 이 전략을 고수하기란 매우 힘들다.

동료들이 나누는 이런 대화를 자주 듣고 나만의 전략을 찾는 동안, 나는 보다 나은 해결책을 마련해야 한다고 생각하기에 이르렀다. 주식 시장 상황이 어떻게 돌아가든 투자자들로 하여금 손실을 받아들이게 할 방법은 없었다. 더 중요하게는, 자산관리사를 끼고 투자한 사람들이 해결책을 찾기 위해 매주 한 번씩 투자회사 사무실로 전화를 걸지 않게 만들 방법 또한 존재하지 않았다.

나는 선물 트레이딩으로 눈을 돌렸다. 이는 시장이 약세인 동안 발생할 수밖에 없는 손실을 벌충하기 위한 방법이었다. 만약 그것이 가능하다면 시장이 얼마나 변덕을 부리든 내 포트폴리오는 안전할 수 있었다. 하루, 한 주, 한 달, 1년 동안 얼마나 심각한 손실을 입었는지는 중요하지 않았다. 왜냐하면 연관되지 않은 다른 시장에 분산 투자를 하면 여전히 수익을 창출할 기회가 있기 때문이었다. 내가 힘든 배움의 과정을 거쳐 선물 트레이딩으로 수익을 내기까지는 꼬박 4년이 걸렸다. 나는 그 4년을 대학에서 트레이딩 관련 학과를 수료한 시간이었던 셈 쳤다.

몇 년 후 나는 화학공학자로 일하길 그만두고 전문 자산관리사로 새 삶을 시작했다. 하지만 전문가로서 다른 사람들의 자산을 관리하는 이상 내 돈을 굴릴 때처럼 실험적인 결정을 내릴 수는 없었기에, 좀 더 현실적으로 생각하며 사람들의 기대에 부응할 수 있는 방식으로 접근해야 했다. 재무설계사는 물론 고객들을 '설득'할 수 있는 전략이 필요했던 것이다. 고객들은 우리가 자신의 연금계좌에 있는 '주식 포트폴리오'를 관리해주길 기대했다. 그러나 주식 시장이 하락하면서 계좌에 마이너스 표시가 뜨기 시작하고 주식 매도 문의가 쇄도하는 광경을 보니 변화가 필요하다는 생각이 들었다. 나는 파트너들에게 '뭔가 하지 않으면 큰 위기가 닥쳤을 때 회사를 잃고 말 것'이라 경고했다.

내가 더 많은 것들을 배우기 시작하고 생각이 명료해진 것도 이때였다. 위험을 줄이기 위해 선택할 수 있는 방법이 많은데도 사람들은 그런 방법을 택하지 않는다는 사실을 깨달았다. 투자 전문가들은 특정 전략을 통해 위험 대비 수익률을 얼마나 향상시킬 수 있는지 고객들이 제대로 이해하지 못하게끔 방해하고 있었다.

나는 당시 배운 지식을 모두 적용해 트렌드스탯을 창업했다. 롱포지션 주식, 선물 및 옵션 트레이딩, 뮤추얼펀드를 한꺼번에 활용하는 광범위 분산이라는 개념을 바탕으로 완전한 전략을 세워 위험에서 포트폴리오를 견고하게 보호하는 것이 우리의 목표였다.

이 접근 방식은 꽤 성공적이었다. 서로 상관관계가 없는 각각의 자산군과 전략에 분산해 투자하면 잠재적 손실을 줄일 수 있었다. 하지만 여전히 인간의 사고체계 탓에 발생하는 결과는 어떻게 할 것인지에 대한 고민을 해야 했다. 인간은 손실을 보고도 담담하게 받아들이도록 설계된 존재가 아니다. 포트폴리오의 다른 영역에서 성과가 나서 손실을 매우고 있더라도, 투자자들은 포트폴리오에 대한 규율과 제한을 떠올리며 손실 보고서를 더 자세히 읽게 된다.

가령 장이 나쁠 때, 롱포지션 주식이 7퍼센트 하락했으나 역시 선물 포지션이 그와 비슷한 정도의 상승을 보였다면 위험을 피했다고 할 수 있을 것이다. 그렇지만 투자자는 롱포지션 주식에 관한 보고서와 선물에 관한 보고서를 각각 따로 받는다. 선물 보고서는 성과를 냈다고 이야기할 테고 주식 보고서는 그 반대일 것이다. 그러면 투자자들은 혼란스러워하며 이렇게 생각한다. '롱포지션을 보유하지 말고 모든 자금을 선물에 넣어야 하는 것 아닐까? 그러면 성과도 훨씬 클 수 있을 텐데.' 나는 고객들이 위험을 피하고도 여전히 마음을 놓지 못하는 이유가 이러한 인간의 본성 때문임을 깨달았고, 그래서 다른 장치가 더 필요하다고 생각했다.

그 후 몇 년간 우리의 노력은 성과를 보이기 시작했으며, 포트폴리오에 주식과 선물을 모두 포함하게끔 몇몇 고객도 설득할 수 있었다. 1987년 10월 19일에 찾아온 '검은 월요일'엔 고객들에게 보고서가 발행되었는데, 이는 보고서가 영역별로 분리되어 발행되는 것이 문제라는 생각을 굳히는 계기가 되었다. 당시 다우존스 지수는 22.6퍼센트 하락했고, 우리 고객들의 포트폴리오는 선물과 주식이 서로의 손실을 벌충하게끔 설계되어 있었다. 그러나 보고서를 받아본 고객들은 매우 뜻밖의 반응을 보였다. 아직도 머리를 긁적이게 만드는 대표적인 예가 하나 있다.

당시 우리가 운용 중이었던, 다소 규모가 큰 연금계획pension plan은 검은 월요일에 다우존스 지수보다 약 23퍼센트 나은 성과를 보이며 1퍼센트가 조금 안 되는 수익을 내고 있었다. 나는 쾌재를 부르며 분기마다 열리는 정기회의에 참석했다. 대부분의 롱포지션 포트폴리오가 20퍼센트 안팎의 손실을 보는 동안 우리는 이익을 냈으니 말이다. 그런데 이사회는 내게 자신들이 하루 동안 선물 포지션으로 엄청난 수익을 냈음에도 주식에서 손실이 나서 결과적으론 말짱 도루묵이 되었다고 지적했다. 이사회는 물리학 박사들로 구성되어 있었고, 당연히 그들은 수학에 도가 튼 사람들이었다.

이사회는 손해 없이 이익만 보는 방법은 없는지를 물었다. 그러면서 우리 전략에서 일반 주식을 아예 빼달라고 요청했다. '매수 후 보유' 주식 포트폴리오는 하락세를 맞기 마련이고, 고객은 심리적 부담을 이기기 힘들어한다. 검은 월요일에 다른 회사의 연금자산이 뼈아픈 손해를 보는 동안 롱포지션 주식 덕분에 계좌 전체의 자산 가치를 약간이나마 높일 수 있었던 것이었음에도, 이사회는 우리가 포트폴리오의 일반 주식 분야에서 손을 떼고 대비책이었던 선물만 계속 관리하도록 했다. 가장 이로운 방식으로 자산을 운용하진 못하게끔 막는 그들과는 얼마 지나지 않아 결별할 수밖에 없었다. 우리는 대비책을 마련하지 않은 상태로 선물만 트레이딩할 생각이 없었다. 나는 매우 실망스러웠고, 당시를 떠올리면 은퇴한 이후 이상한 논리로 우겨대는 고객들을 더 이상 상대하지 않을 수 있다는 게 기쁘다!

새로운 전략을 개발한 우리의 트렌드스탯은 성공을 거듭했다. 우리는 음의 상관관계를 가진 다양한 자산군에 분산 투자함으로써 그 후 위기에서 발생한 손해를 대부분 상쇄할 수 있었고, 업계는 우리의 이러한 성과에 주목하기 시작했다.

나는 1994년 출간된 잭 슈웨거Jack Schwager*의《새로운 시장의 마법사들The New Market Wizards》에 소개되었고, 내 침착함과 다각적 접근 방식을 높이 산 그는 나를 '미스터 평정심'이라 불렀다. 몇 년에 걸쳐 그는 변화에 민감하고 빠르게 대응하는 월스트리트의 트레이더들을 인터뷰했다. 그들에 비하면 나는 주식 시장의 위험에 휘둘리지 않고, 레버리지 비율 또한 높지 않아 굉장히 느긋한 편이었다. 어떤 일이 생겨도 위험을 줄일 수 있는 전략을 갖춘 덕분이었다. 그 당시엔 이름도 없었지만, 그러한 접근 방식은 시장이 어떻게 돌아가든 아무 영향을 받지 않고 다양한 환경에 대처할 수 있게 해주었다. 그때 멋진 이름만 하나 생각해내서 달아주었더라면 좋았을 텐데.

• 　주식투자 및 헤지펀드 전문가.《시장의 마법사들》과《새로운 시장의 마법사들》을 비롯한 다수의 베스트셀러 저자이기도 함.

3장

전천후 트레이더가
되기까지

2장에서는 그간 내 생각들이 어떻게 꼬리에 꼬리를 물고 발전했는지 여러분이 볼 수 있게끔 나의 발자취를 시간의 흐름대로 간략하게 소개했다. 나는 아직도 내가 그 여정 위에 있다고 생각한다. 이제부터는 지금껏 이야기한 개념들을 자세히 소개하려 하는데, 여러분에게 가장 어울리는 방식을 골라 각자의 포트폴리오에 적용할 수 있길 바란다.

앞서 말했듯 나는 뮤추얼펀드를 매수하며 투자 세계에 입문했다. 당시 나는 요동치는 시장에서 엄청난 관리 및 판매 수수료까지 감당하며 손실을 복구하기까지 12년이 걸리리라고는 꿈에도 생각지 못했다.

클라크슨 대학교에서 화학공학을 전공해 수입이 괜찮은 직장에 들어간 후, 나는 내 포트폴리오에 새로운 투자를 더하고 싶었다. 미래를 위해 더 좋은 대안을 모색하면서 이번에는 원금 회복에 12년이 걸리지 않는 투자 방법을 고민했다. 아니면 포트폴리오 성적이 마이너스를 기록하더라도 가능하면 그 기간을 줄이고 싶었다. 그리고 그 방법을 찾았다.

회사에서는 주식 매수 프로그램을 제공해줬는데, 나는 상승세와 하락세를 보여주는 차트를 만들면 상승세에 주식을 매수한 뒤 하락세에서 매도해 위험을 피할 수 있으리라 생각했다. 트레이드 자금은 회사 지원으로 해결할 수 있었다. 이 방식 덕에 나는 수많은 시장 움직임을 활용해 짭짤한 수익을 올렸다. 시점매매timing 투자 방식은 전천후 트레이더로 거듭나는 동안 내가 다양하게 활용한 전략 중 하나가 되었는데, 이 이야기는 4장에서 자세히 다룰 예정이다.

몇 년 후, 선물 트레이딩을 시작한 지 4년이 흘렀을 때 내 포트폴리오는 드디어 손익분기점에 도달했다. 나는 선물 포트폴리오에 자금을 더 넣었고 성공적으로 트레이딩을 이어가며 계좌 속 자산 규모를 빠르게 불려나갔다. 또 선물로 수익을 내는 구간은 주식 포트폴리오에서 수익을 거두는 시기와 거의 무관하다는 사실을 깨달았다. 이를 이용하면 자산을 완벽하게 분산해 보호 장치를 한 겹 더 마련할 수 있었다. 한쪽 시장이 손해를 보는 동안 다른 시장에서 이익을 거두면 종합성과를 한결 안정적으로 유지할 수 있다. 극단적 분산이 무엇이며 그에 따라 포트폴리오를 구성하는 방법으로 어떤 것들이 있는지는 이 책의 7장에서 소개할 것이다.

그 후 나는 내 IRA 계좌를 관리하기 시작했다. IRA 계좌는 과세이

연이라는 마법 같은 혜택을 누리게 해준다. 주식을 사고팔면서 생긴 실현이득과 손실이 미실현이득 및 손실처럼 취급되기 때문이다. 말하자면 IRA 계좌에서 자산을 완전히 인출할 때까지는 세금을 낼 필요가 없다는 뜻이다. 나는 회사의 주식 매매 시점 측정 프로그램에서 얻은 정보를 활용, 다양한 뮤추얼펀드를 사고팔 '시점'이 예측 가능하도록 지표를 설정했다. 트렌드스탯이 고객의 포트폴리오에 뮤추얼펀드와 섹터 매매 시점 측정 프로그램을 활용한 전략을 적용하기 시작한 것이 이때였다. 자금 규모가 크지 않은 고객들이 매수 후 보유 전략에서 발생하는 위험을 부담하지 않으면서 주식 및 채권에서의 잠재 수익 가능성을 놓치지 않게 해주는 이 훌륭한 전략은 꽤 성공을 거뒀다.

초창기엔 ETFExchange traded funds*라는 상품이 개발되기 전이었기에 장이 끝나기 직전까지 미뤘다가 뮤추얼펀드를 트레이딩해야 했다. 지수 상승 시에는 주식형 뮤추얼펀드를 매수했고, 지수가 하락세를 보이면 그것을 매도하고 1980년대 당시 수익률이 매우 좋았던 머니마켓 뮤추얼펀드를 매수했다. 하락세인 주식 시장에서 시점매매로 위험을 제거하는 방식은 내가 전천후 트레이더가 되기까지 훌륭한 수단이 되어주었다. 이 부분은 4장에서 좀 더 자세히 다룰 예정이다.

트렌드스탯은 몇몇 고객들을 위해 주식 포트폴리오를 관리했다. 주식을 끊임없이 사고파는 것은 그 고객들이 원하지 않았기에 나는 다이내믹 헤징dynamic hedging이란 방식을 개발했다. 나는 주식 시장이 상승세인

• 　특정 주가지수에 따라 수익이 결정되는 펀드.

지 하락세인지 판단하기 위해 추세추종 지표를 사용했다. 시장이 상승세일 때면 헤징hedging**해야 할 필요가 없다고 판단해 포트폴리오의 주식 포지션을 시장의 흐름에 맡겼지만, 흐름이 바뀌면 포트폴리오를 헤징해 위험에 대비했다. 초기에는 지수 ETF를 공매도하거나 트리플 레버리지 인버스triple leveraged inverse ETF들 중 하나를 매수했지만, 지금은 여러 이유로 지수 선물 계약을 거래한다. 헤징에 대해선 6장에서 자세히 살펴보자.

전천후 트레이더로서 그다음에 개발한 것은 다양한 기간을 활용하는 방식이었다. 나는 시장의 횡보 시기에는 주식이 빠르게 등락하며 장기 추세추종 모델을 통해 합리적으로 이익을 낼 만큼 한 방향으로 충분히 오래 움직이진 않는다는 사실을 알게 되었다. 연구를 통해 투자 기간이 짧을수록 트레이딩을 훨씬 자주 해야 한다는 점을 깨달았는데, 처음 전천후 트레이더가 되는 여정을 시작할 때는 이 부분이 골칫거리였다. 그러나 나는 명색이 학위를 받은 공학자였고, 유능한 프로그래머를 고용해 도움을 받은 결과 프로세스를 자동화하면 매우 쉽게 많은 트레이딩을 처리할 수 있다는 사실을 알게 되었다.

나는 단기 모델을 만들기로 했고, 새로운 모델의 민감성을 활용해 아주 짧은 기간 동안 작게나마 수익을 얻을 수 있다는 사실을 알게 되었다. 이 방식은 기간 차이를 활용해 분산하는 효과를 일으키는데, 이는 시장이 유리하게 흘러갈 경우 장기 모델을 유지해 수익을 낼 수 있기

....

** 가격변동의 위험을 선물의 가격변동으로 상쇄시키는 현물거래.

때문이었다. 하지만 시장의 횡보하는 기간이 길어지면 단기 모델을 통해 적게나마 수익을 내 전체 포트폴리오에 도움을 줄 수 있다. 횡보 시장에서 사용할 수 있는 전략은 8장에서 자세히 설명할 것이다.

그다음으로 나는 횡보 시장에서 수익을 내는 데 반드시 필요한 전략을 개발했다. 잠재 손실 및 수익이 제한된 옵션 크레디트 스프레드를 만기일 7일 전에 매도하는 방식이었다. 이 방식으로 시장이 요지부동일 때나 변동이 아주 작을 때도 꾸준히 좋은 수익을 거둘 수 있었다. 이 전략을 활용하면 시장이 매우 활발하게 움직일 때 손실을 볼 수밖에 없지만, 기존에 설정해둔 장기 추세추종 전략이 완충 역할을 해준다. 옵션 스프레드에 관해서는 8장에서 더 자세히 다룰 예정이다.

마지막으로, 나는 암호화폐 시장을 주의 깊게 지켜보았다. 지금은 말 그대로 수천 개의 암호화폐가 다양한 플랫폼을 통해 거래되고 있다. 작업을 단순하게 유지하고 싶었던 나는 단기적 추세추종 전략을 세우고 내가 주목하고 있던 암호화폐 시장의 방향성을 측정했다. 선물 시장에 빠삭한 나는 비트코인이나 이더리움 암호화폐에서도 선물 트레이딩을 활용했다. 이렇게 하면 데이터를 얻기 쉽고 거래도 간편하며 시장이 상승할 때든 하락할 때든 쉽게 포지션을 설정할 수 있다는 장점이 있었다. 암호화폐는 내 포트폴리오에서 다른 종목들과 상관관계 없이 수익을 얻을 수 있는 수단이 되었고, 지난 몇 년간의 수익성 또한 매우 좋았다.

아직 끝나지 않은 전략 개발

이 장에선 지금까지 전천후 트레이더로서 내가 어떻게 발전해왔는지 살펴보았다. 하지만 나는 여전히 내가 오르려 하는 경지에 도달하지 못했다고 생각한다. '완벽한 점수'를 기록할 수 없을지라도 계속해서 꿈을 꾸는 골퍼처럼 나는 계속해서 포트폴리오의 약점을 공부하고, 성과가 저조한 기간을 없애기 위해 새로운 전략을 짠다. 내가 과연 '완벽한' 전략을 짤 수 있는 경지에 도달할 수 있을지는 미지수지만 나는 그 여정 자체를 즐기는 중이다.

4장

완전한
트레이딩 전략이란
무엇인가?

나는 투자 수단을 어느 시점에 사고팔아야 하는지 연구하는 것이 완전한 트레이딩 전략은 아님을 증명하기 위해 다음 페이지의 플로차트 flow chart를 제시하곤 했다. 트레이더들은 대부분 어느 시점에 사고팔아야 하는지에만 초점을 맞춰 트레이딩을 시작하는데, 이는 큰 실수가 아닐 수 없다. 다음의 플로차트를 살펴보고 여러분의 포트폴리오에는 박스 안에 적힌 요소들이 몇 개나 포함되어 있는지 생각해보자.

완전한 트레이딩 전략 하나씩 파헤쳐보기

● 완전한 트레이딩 전략

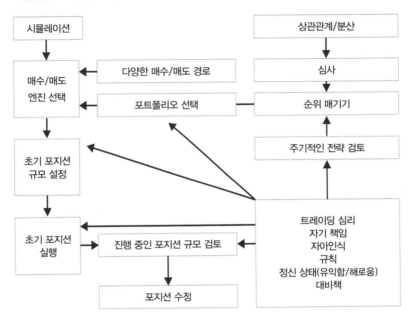

■ **믿음:** 중요한 시작점이다. 위대한 고故 밴 K. 타프 박사Dr. Van K. Tharp
는 이렇게 말했다. "트레이더가 트레이딩하는 것은 시장이 아니라 자신
의 믿음이다." 여러분은 자신의 전략에서 잠재 수익을 이끌어낼 수 있
는 믿음을 생각해야 한다.

■ **목표:** 이는 어떤 전략이 되었든 그것을 세우기 전에 가장 중요하

게 생각해야 할 부분이다. 목표는 전략의 바탕이 되는 철학이며, 수익을 얻고자 하는 시장 움직임의 유형이 어떠한지 포착하는 데 필요한 지표로서 트레이딩 지침이 되기도 한다.

■ **필터/심사:** 트레이더는 전 세계에 존재하는 수천 개의 투자 수단 중 가능성이 있는 것을 추려내야 한다. 증권사에서 제공하는 심사 도구나 가장 좋아하는 트레이딩 플랫폼을 사용할 수도 있고, 그저 쓸 만한 투자 수단 목록을 살펴보며 트레이딩 시에 집중할 수단을 선택할 수도 있다.

■ **설정/순위 매기기:** 만약 트레이딩에서 사용할 수 있는 투자 수단의 후보가 아직까지 지나치게 다양하다고 여겨진다면 특정한 가격 움직임을 보이는 수단만 사용할 수도 있다. 이 단계에서는 순위 매기기를 통해 그날 트레이딩할 후보군을 추려내야 한다. 그렇게 하면 다음 트레이딩 구간을 위한 포트폴리오를 선택할 수 있게 된다.

■ **시장 진입:** 여러분이 트레이딩을 실행하게끔 하는 매수/매도 엔진을 정해야 한다. 나는 이를 매수/매도 '엔진'이라 부른다. 트레이더를 '움직여' 행동하게 만드는 역할을 하기 때문이다. 엔진이 자동차를 움직이게 하듯, 매수/매도 엔진은 여러분을 움직인다.

■ **손실 제한:** 포트폴리오에서 트레이딩을 중단하는 기준가를 설정

하고 그 트레이딩이 효과적이지 않다는 사실을 인정해야 한다. 손절매는 효과가 없다고 생각하는 트레이더가 많다. 그들은 자신들이 넣은 손절매 주문이 다른 트레이더들에게 이용당할까 걱정하며 '정신적 손절 mental stop'만을 한다. 손절매 주문을 넣는 대신 자신만의 고집에 연연하며 어느 시점에 이르면 매도하겠다고 생각만 하는 것이다. 나는 이러한 기술이 형편없다고 생각한다. 시장에서 제때 손절했다면 미미했을 영향이 이런 정신적 손절 때문에 큰 손실로 바뀔 수 있기 때문이다. 전천후 트레이더가 되려면 반드시 손절매 주문을 활용할 줄 알아야 한다.

■ **수익 챙기기/트레이딩을 중단하는 시점:** 전략을 통해 며칠 동안만 트레이딩할 생각이라면 논리적 방법에 따라 목표를 설정할 수 있다. 가령 수익이 위험의 두 배가 되면 트레이딩을 그만두기로 한다거나, 시장에서 과매수 또는 과매도가 일어난 뒤 '일상' 수준에 도달하면 단기 트레이딩을 마치겠다는 식이다. 만약 트레이딩 효과가 미미해 목표에 도달하지 못하면 성과도 좋지 않은 투자에 귀중한 자본이 묶지 않도록 할 수 있다. 지정해둔 기간이 경과하면 해당 포지션에서 손을 턴다는 의미에서 이를 '시점손절time stop'이라 칭하기도 한다.

장기적 추세추종 전략에서는 추세가 흔들리거나 역전할 때 청산하는 것을 목표로 삼는다. 이 경우에는 아마도 괜찮은 수익을 낸 이후 트레이딩을 중단하게 될 것이다. 이 단계에서 중요한 점은 트레이딩 종료 시점을 계획해야 한다는 것이다. 종료 계획이 없으면 매수 후 보유 전략과 다를 게 없고, 전천후 트레이더라면 그런 상황에 처하기를 원하지 않을 것이기 때문이다.

■ **포지션 규모 결정:** 심사와 분류, 매수/매도 작업이 모두 끝난 후에도 꾸준히 포지션 규모를 적절하게 조정할 방법을 생각해야 한다. 특정 포지션의 규모가 너무 크면 해당 포지션 때문에 계좌 전체가 무너질 위험이 있고, 규모가 너무 작으면 포지션이 포트폴리오에 충분한 영향을 미치지 않아 눈에 띄는 성과를 만들 수 없다.

이러한 속성들은 어떤 트레이딩 전략에든 해당된다. 이 밖에도 매일 상위 몇몇 후보를 추리기 위해 트레이딩 수단의 순위를 매기는 등의 과정을 더 활용할 수도 있다. 손절매를 하고 난 뒤 다시 매매 약정을 하고 싶더라도 우선은 트레이딩 후보로 넣은 뒤 순위를 매기자. 포지션 규모를 결정하는 전략은 여러분이 그 전략을 통해 무엇을 얻고자 하는가에 따라 조정되어야 한다. 이 내용은 10장에서 더 자세히 다룰 예정이다.

여기서 결론은 한 가지 트레이딩 스타일만 고집할 필요가 없다는 것이다. 추세를 활용하는 전략, 재앙으로부터 보호하는 전략, 손실을 복구하는 전략, 옵션을 통해 시간 프리미엄을 누리는 전략 모두를 사용할 수 있다. 주식 시장에서 트레이딩하거나, ETF를 활용하거나, 선물 계약으로 포트폴리오를 다각화할 수도 있다. 또 초장기 전략을 세우는 사람도, 단기 전략을 세우는 사람도 있을 수 있다. 어떤 전략이 되었든 여러분의 수익을 개선시키고, 밤잠을 설치게 할 위험을 관리해 자산 곡선을 고르게 유지하는 데 도움을 주기만 하면 된다.

5장

시점매매 투자

 사방에서 울리는 포효가 여기 내가 살고 있는 스코트데일까지 들린다. "하지만 시점매매는 효과가 없지 않습니까? 대학 교수도 재무설계사도 주식중개인들도 그렇게 말하던데요." 그러면 나는 "그건 투자 시점을 측정해 당신이 무엇을 얻으려 하는지에 따라 다릅니다"라고 대답한다.

 위험 대비 수익을 개선하기 위해 수익 측면에만 집착하는 사람들을 보며 나는 수년간 놀라움을 금치 못했다. 매수 후 보유 전략을 평생 고수하면 거래 비용을 줄이고 관리에 소요되는 시간을 아낄 수 있지만, 시장이 유리할 때 더 많은 수익을 얻는 만큼 시장이 불리할 때 더 큰 손실을 입게 된다. 사람들의 발목을 잡는 것이 바로 이 손실이다. 노련한 베테랑 트레이더인 나도 대비책 없이 25퍼센트 하락한 투자를 내버려 두고 손실이 더 커지는 모습을 두고 볼 수 있는 인내심은 없다. 트레이딩 경력 50년에 빛나는 전문가도 감당 불가능한 일을 대체 누가 감당할 수 있을까?

최근 한 논문을 위해 수행한 연구를 내 웹사이트에 업데이트했다. 나는 야후파이낸스Yahoo Finance에서 무료로 제공하는 S&P500 지수 데이터를 가지고 시장이 위아래 어느 방향으로 이동하는지 측정하기 위해 10일, 40일 이동평균moving average 지표를 만들었다. 그런 다음 신호가 보일 때마다 상승, 하락 또는 횡보라는 이름표를 붙였다. 나는 지수가 최소 5퍼센트는 이동해야 상승 또는 하락 움직임으로 판단했고, 반대 방향으로 향하는 새로운 신호를 보이기 전 5퍼센트 미만으로 움직이는 경우에는 횡보로 간주했다. 연구 목표는 주식 시장이 상승, 하락, 횡보 움직임에 각각 얼마나 머무르는지 파악하는 것이었다. 다음 페이지에 나오는 '시점매매 전략 대 매수 후 보유 전략 요약' 표가 그 연구 결과다.

이 결과에는 중요 시사점들이 여럿 들어 있다. 첫째, 주식 시장은 상승하거나 하락하지 않는 상태로 머무를 때가 아주 많다. 60.55퍼센트의 시간 동안 시장은 횡보한다. 상승 모멘텀은 전체의 30.50퍼센트를 차지하며 하락하는 시간은 8.95퍼센트에 불과하다.

하락 시장은 상승 시장보다 변화가 빠르다. 트레이더들이 두려움 때문에 급히 움직이기 때문이다. 8.95퍼센트의 시간 동안만 지속되는 하락 시장의 복리 수익률은 12.91퍼센트다. 30.50퍼센트를 차지하는 상승 시장에선 이보다 조금 더 높은 15.02퍼센트의 수익을 얻을 수 있다. 간단히 계산해보면 상승 시장 대비 29.34퍼센트(8.95% / 30.50% = 29.34%)를 차지하는 짧은 시간 동안 하락 시장에서는 상승 시장의 85.95퍼센트(12.91% / 15.02% = 85.95%)에 해당하는 움직임이 일어난다는 수치가 나온다. 시장이 하락하기 시작하면 상황이 급속도로 나빠진다는 뜻이다.

다음으로 주목할 부분은 최대 낙폭maximum drawdown이다. 앞서 언급했듯 나를 포함한 트레이더 대부분은 매수 후 보유 전략에서 −56.78퍼센트에 이르는 낙폭을 견딜 만한 참을성이 없다. 그러므로 전략은 곧 내팽개쳐질 확률이 높고, 따라서 트레이더는 전략의 종합적인 평균 복리 수익률을 보는 것도 불가능해진다. 그러나 적절한 시점을 찾으면 낙

● 시점매매 전략 대 매수 후 보유 전략 요약(1964년 1월~2021년 12월, 총 58년)

	상승 시장	하락 시장	횡보 시장	총계	매수 후 보유	시점매매
트레이딩 수	34	16	379	429	1	429
트레이딩 비율	7.93	3.73	88.34	100	100	100
일수	6,348	1,862	12,606	20,816	20,816	20,816
일수 비율	30.50	8.95	60.55	100	100	100
평균 복리 수익률	510.62	206.56	−510.04	207.145	7.41	4.76
트레이딩 당 평균 %	15.02	12.91	−1.35			
최대 낙폭					−56.7754	−25.3604
수익률/최대 낙폭					0.1305	0.1876

폭을 반으로 줄여 훨씬 버티기 수월하도록 만들 수 있다.

내가 주목한 마지막 항목을 보면, 시점매매의 경우 수익은 매수 후 보유 전략 수익의 64퍼센트에 달하지만 최대 낙폭은 절반에도 미치지 못한다는 사실을 알 수 있다. 그러므로 매수 후 보유 전략의 최대 낙폭 대비 수익은 0.1305, 시점매매의 최대 낙폭 대비 수익은 0.1876으로 위험 대비 수익이 43.7퍼센트나 높다. 이 특성만 잘 기억하고 있어도 수십 년 동안 수월하게 트레이딩할 수 있을 뿐만 아니라 원래의 전략을 고수할 수 있는 심리적 여유가 생긴다.

S&P500 지수 시점 측정하기

SPY ETF는 S&P500 지수의 성과를 ETF 형식으로 추종하는 매우 유동적인 트레이딩 수단이다. 뒤에서 보다 자세히 설명하겠지만, 나는 돈치안Donchian, 켈트너Keltner, 볼린저 밴드Bollinger Band 등 세 가지 지표 매수/매도 엔진만으로 간단한 롱포지션을 개시했다. 매수 신호가 있을 때마다 SPY ETF에 자금의 5퍼센트를 주식에 투자했고, 하향세일 때는 이자가 붙지 않는 현금 상태를 유지했다. 그 결과는 다음 페이지에 나오는 'SPY ETF의 가격 움직임에서 시점 측정하기' 표를 보라.

시뮬레이션임을 감안하고 유휴 자금으로 있을 때 이자를 벌지 못한 것치고는 결과적으로 +6.489퍼센트라는 기록적인 수익률을 보였다. 위험 대비 수익률을 적절하게 유지하며 승률도 50퍼센트 이상이었을 뿐 아니라 12년 동안 투자 자산은 두 배 이상으로 불어났다. 게다가 평균적으로 1년에 약 2.7회, 총 34회의 거래면 충분했다. 쉬운 거래가 아니라고 할 수 없을 것이다.

심트레이더

SPY ETF의 가격 움직임에서 시점 측정하기

- 측정 기간: 2010년 1월 1일~2022년 6월 1일(12.41년)
- 초기 투자금 10만 달러, 새로운 신호 때마다 100퍼센트의 자산을 롱포지션에만 투자
- 3개 지표를 활용한 시점 측정 패키지
- 21일[돈치안 21일, 켈트너 21일(인수因數 2.3) 볼린저 21일(매수 거래용 인수 2.0, 매도 거래용은 50일)]

통계	상승 신호 결과
연평균복합성장률(CAGR%)	6.489
샤프 지수	0.718
소티노 지수	0.889
평균 낙폭 대비 수익	3.727
최대 낙폭 대비 수익(Return to Maximum Drawdown; MAR 비율)	0.375
최대 낙폭률(%)	−17.316
총 트레이딩 횟수(12.41년간)	34
이익 트레이딩	18
손실 트레이딩	16
승률	52.941
이익 계수(profit factor; 이익 트레이딩에서의 이익/손실 트레이딩에서의 손실)	2.68달러
총이익	113,882달러

시점매매는 어떤 투자에 활용할 수 있을까?

심각한 손실 위험이 있다고 판단한 모든 시장에서 시점 트레이딩을 통해 어느 정도 위험을 관리할 수 있다. 시점매매에서 위험에 대처하는 기본 방식은 제어된 머니마켓과 유사한 투자를 활용해 포트폴리오에서 아예 위험을 제거하는 것이다. 폭풍이 잦아들 때까지 안전한 피난처에서 폭풍을 이겨내는 방식이라 볼 수 있다.

나는 뮤추얼펀드로 투자를 시작했다. 장이 끝나기 전에는 지표를 돌리고, 매수/매도 신호를 확인하고, 뮤추얼펀드 데스크에 펀드를 매수할 것인지 매도할 것인지를 알리는 팩스를 보냈다. ETF가 등장한 뒤엔 ETF의 시점도 측정했고, 그 후 나스닥 지수 선물, 비트코인과 이더리움 선물, 원자재, 에너지, 외화, 금속 시장의 매매 시점 또한 측정하고 있다.

'바람의 방향을 바꿀 수는 없지만 돛의 방향을 바꿀 수는 있다'라는 옛말이 있다. 매매 시점 측정의 성격을 잘 설명하는 말이다. 시장이 제멋대로 굴러갈지라도 여러분은 얼마나 많은 위험에 자신을 노출시킬지 정할 수 있다. 시점매매는 위험에 대한 노출 정도를 조절할 수 있는 간단하고 쉬운 방법이다.

원유 선물 매매 측정에 관한 예시

지난 10~20년 동안 비즈니스 관련 뉴스에 관심을 가져왔거나 자동차를 소유하고 기름을 넣어온 사람이라면 전 세계 유가가 오르락내리락했다는 사실을 알고 있을 것이다. 원유를 판매하거나 원유 관련 제품 또는 원유 자체를 소비하는 사업체를 운영 중이라면 가격 변동이 여러분에게 유리하냐 불리하냐에 따라 빠르게 이익을 볼 수도, 손해를 볼 수도 있다는 점을 알 것이다. 이 시장에 우리가 대응해야 할 위험이 도사린다는 소리다. 자세히 살펴보자.

나는 지난 수년 동안 뉴욕상업거래소New York Mercantile Exchange, NYMEX에서 트레이딩된 서부텍사스산 원유 가격을 내가 사용하는 트레이딩 플랫폼인 심트레이더SIM Trader에 입력했다. 그리고 돈치안 채널, 켈트너 밴드, 볼린저 밴드 등의 세 개 지표를 조합해 매수/매도 지표를 설정했다. 이 세 가지는 내가 가장 즐겨 사용하는 지표인데 이 장의 뒷부분에서 자세히 소개하려 한다.

이 연구에서는 기간을 21일로 정했다. 트레이딩이 많이 일어날 수 있을 만한 너무 짧지 않은 기간이었고(다만 그에 따라 비용은 많이 들 수 있었다), 가격 변동에서 비롯되는 위험에 대응하는 덴 별 효과가 없는 매수 후 보유 전략에 가깝다고 할 수 있을 정도의 긴 기간도 아니었다.

결과는 예상대로였다. 원유 계약 한 건을 트레이딩한다고 가정했을 때 시장은 대부분의 시간 동안 횡보했다. 가격 변동은 감수해야 할 위험이 있음을 의미하고, 트레이더는 시장이 상승 또는 하락하는 위험 구간에서 가장 많은 수익을 낼 수 있다. 가격이 오르거나 내리지 않는 한 이 시장에서 주목할 만한 수익을 내기는 힘들다. 가격이 상승 혹은 하락하는 구간에서는 손익계산서에 원유 가격 항목이 있는 모든 사업체가 잠재적으로 이익을 볼 수도 손실을 볼 수도 있다.

● 원유 가격 변동 시점 측정

- 측정 기간: 2010년 1월 1일~2022년 6월 1일(12.41년)
- 초기 투자금 10만 달러, 새로운 신호 때마다 100퍼센트의 자산을 롱포지션에만 투자
- 3개 지표를 활용한 시점 측정 패키지
- 21일[돈치안 21일, 켈트너 21일(인수 2.3), 볼린저 21일(매수 거래용 인수 2.0, 매도 거래용은 50일)]

통계	상승 신호 결과	하락 신호 결과
연평균복합성장률(CAGR%)	3.327	3.691
샤프 지수	0.323	0.344
소티노 지수	0.436	0.508
평균 낙폭 대비 수익	0.966	0.614
최대 낙폭 대비 수익(MAR 비율)	0.106	0.099
최대 낙폭률(%)	−31.501	−37.354
총 트레이딩 횟수(12.41년간)	95	56
이익 트레이딩	44	17
손실 트레이딩	51	39
승률	46.316	30.357
이익 계수(이익 트레이딩에서의 이익/손실 트레이딩에서의 손실)	1.34	1.42
총이익	49,470달러	53,910달러

항공유를 어마어마하게 소비하는 항공사를 예로 들어보자. 당연히 항공유는 원유로 만들어진다. 따라서 원유 가격이 오르면 비행에 드는 비용도 상승하는데, 이 비용을 승객에게 전가할 수 없다면 항공사의 수

익은 줄어들 것이다. 반대로 원유 가격이 하락하면 항공사는 덜 비싼 비용으로 항공유를 구할 수 있고, 같은 항공권 가격으로 잠재적 수익을 높일 수 있다.

표를 분석해보자. 항공사에서는 유가가 상승세일 때마다 원유를 매수해 항공편 운항으로 얻을 수 있는 잠재 수익을 어느 정도 포기하는 대신 선물 계약을 통해 이익을 얻을 수 있다. 결과표를 보면 항공사에 타격을 가한 연도가 다수 포함된 12.4년간 원유 계약을 통해 4만 9,470 달러를 벌 수 있었다. 상승 신호에 수익을 얻지 못하면 손실을 보거나 헤징 비용이 든다. 이러한 손실은 상승세일 때 또는 매수 트레이딩에서 발생한다. 따라서 항공사는 시장 상승기엔 원유 선물 매수에 집중하는 헤징 프로그램을 운영하고, 하락하는 시기엔 선물을 매도하거나 선물 거래를 중단함으로써 손익계산서의 수치를 안정적으로 유지할 것이다. 이렇게 하면 사업체를 보다 효율적으로 운영하고, 경영에 심각한 문제를 일으킬 수 있는 재앙 같은 손실이 유가 상승기 동안에 일어나지 않도록 대비할 수 있다.

시장 하락기 동안에는 낮아진 유가 덕을 볼 수도 있다. 앞의 결과표는 원유 매도 트레이딩 계약으로 5만 3,910달러의 수익을 올렸다는 점을 보여준다. 시장 하락기에는 연료비가 낮아지고, 따라서 항공편 운항에 비용이 덜 든다는 뜻이다. 또한 이 기간 동안 얻은 수익은 헤징이 제역할을 다하지 못해 약간의 손실이 발생할 경우에도 도움이 될 것이다.

채권 ETF의 시점 측정

많은 기업 및 개인 트레이더가 오르락내리락하는 금리와 채권 수익률에 영향을 받는다. 개인 채권 투자자라면 금리가 가파르게 상승하는 기간에 포트폴리오의 채권 가격이 내려간다는 사실을 알 것이다. 반대로 금리와 수익률이 하락하면 채권 가격이 오르는 모습을 보게 될 테고 말이다.

사업체들도 영향을 받는다. 금리가 하락하면 자본비용이 줄기 때문에 새로운 장비에 적은 비용을 투자해 성장 가능성을 높일 수 있다. 반대로 금리 상승 시엔 자본비용이 늘어나 사업을 확장하는 비용이 높아진다. 주택 매수자에게 변동금리 상품을 판매하는 주택담보대출 상품 판매자라면 금리 상승기에 이익을 보지 못할 것이다. 주택담보대출 포트폴리오의 액면 가치가 하락하는 데다 높은 금리를 감당해야 하는 주택 소유자가 대출금을 갚지 못하는 경우가 발생하기 때문이다. 이런 경우에도 매매 시점 측정을 통해 대책을 마련해야 할 위험이 존재하는 것이다.

여기에서도 지표 두 가지를 조합해 채권 ETF 시장에서 지난 10년 동안 매매 시점을 측정했더라면 어땠을지 예측해보자. 중단기금리 시장의 변화를 확인하기 위해 지표 기간은 역시 21일로 설정했다.

다음 표에서는 티커ticker*가 SCHQ인 장기 미국국채 ETF를 매수하

....

* 알파벳으로 구성된 일종의 종목코드.

심트레이더

● 장기 미국국채 ETF 시점 측정

- 측정 기간: 2010년 1월 1일~2022년 6월 1일(12.41년)
- 초기 투자금 10만 달러, 새로운 신호 때마다 100퍼센트의 자산을 롱포지션에만 투자
- 3개 지표를 활용한 시점 측정 패키지
- 21일[돈치안 21일, 켈트너 21일(인수 2.3), 볼린저 21일(매수 거래용 인수 2.0, 매도 거래용은 50일)]

통계	상승 신호 결과	하락 신호 결과
연평균복합성장률(CAGR%)	1.328	0
샤프 지수	0.126	
소티노 지수	0.168	0
평균 낙폭 대비 수익	0.344	0
최대 낙폭 대비 수익(MAR 비율)	0.068	0
최대 낙폭률(%)	−19.539	0
총 트레이딩 횟수(12.41년간)	7	0
이익 트레이딩	4	0
손실 트레이딩	3	0
승률	57.143	0
이익 계수(이익 트레이딩에서의 이익/손실 트레이딩에서의 손실)	1.38달러	0
총 이익	2,819달러	0

거나 매도했을 때의 결과를 확인할 수 있다. 매수 신호는 채권 가격의 상승 구간, 즉 채권 수익률이 낮은 기간에서 발생하는데, 금리가 상당히 하락한 이 기간 동안 이 신호가 자주 등장하는 모습을 볼 수 있다.

주택담보대출 회사라면 이 측정 기간 동안 순탄한 운영이 가능할 것이다. 채권 수익률의 하락 시기엔 주택저당채권 집합물 판매를 통해 대출로 가능한 정도보다 더 높은 수익을 거둘 수 있다. 하지만 금리가 상승해 채권 수익률이 높아지면 바람의 방향은 채무자들에게 불리한 방향으로 바뀌는데,* 투자를 통해 수익을 거두면 이러한 위험을 줄여 재정 운영이 수월하게끔 만들 수 있다.

섹터 ETF 시점 측정

섹터 ETF**는 내 포트폴리오에서도 몇십 년간 다양한 형태로 활용되는 종목이다. 나는 몇 년 전 섹터 뮤추얼펀드의 시점을 측정했다. 롱포지션 또는 숏포지션을 트레이딩할 수 있었던 나는 ETF의 등장 이후 섹터 ETF의 시점매매를 시작했고, 이를 통해 더욱 폭넓은 펀드 시점매매를 경험하게 되었다.

나는 ETF 시점매매가 소규모 자금을 관리하는 훌륭한 방법이라 생각한다. 첫 번째 이유는 대부분의 증권사가 수수료를 현저하게 줄이거나 아예 없앴고, 덕분에 큰 비용 없이도 매우 적은 양의 주식 매수가 가능해졌다는 점이다.

두 번째로는 어떤 것이 되었든 ETF는 해당 펀드 안에 여러 주식이

---

* 금리 상승은 채권 가격을 떨어뜨리지만 표면금리엔 변함이 없어 결과적으로 채권 투자의 수익률을 높이는 데 반해, 채무자들은 갚아야 할 이자가 늘어나므로 불리한 상황에 처한다.

** 자동차, 은행, 건강 산업, 반도체, 정보 통신 등 다섯 개 분야의 지수를 대상으로 한 상장 지수 펀드.

담겨 있기 때문이다. 이는 여러 회사의 주식을 소유함으로써 해당 포지션에 따르는 위험을 분산할 수 있다는 의미다. 다시 말해 한 회사의 수익이 좋지 않거나 주가를 출렁이게 할 수 있는 극적인 뉴스가 나왔을 때 그에 따르는 영향을 덜 받을 수 있다.

세 번째 이유는 ETF에는 다양한 형태가 있다는 점이다. 섹터 ETF는 다양한 산업과 자본 형태, 시장 방향성을 아우른다. 적극적으로 관리되는 ETF가 있는가 하면 수동적으로 특정 지수 내의 주식들만 포함하는 상품이 있고, 비싼 ETF가 있는가 하면 그렇지 않은 ETF도 있다. 비유를 하자면 ETF는 사탕가게라 할 수 있으니, 좋아하는 사탕을 고르듯 상품을 고르면 된다.

내 포트폴리오의 섹터 ETF 시점매매 전략을 수립했을 당시, 나는 내가 활용할 수 있는 모든 ETF를 폭넓게 심사하지는 않았다. ETF의 대부분은 금융 정보 프로그램에서 가끔 홍보되곤 하는 SPDR_{Standard & Poor's} Depository Receipt ••• 섹터 펀드 계열에서 파생된다. 나는 "어떤 섹터 ETF를 활용하시나요?"라는 질문을 자주 받는 터라 다음과 같은 티커 목록을 첨부했다. 이 책의 다른 부분과 마찬가지로 내가 현재 활용 중인 도구나 지표, 매개변수 등은 전천후 트레이더로서 전략을 발전시키는 동안 얼마든지 바뀔 수 있다.

....

••• S&P500 종합지수 위탁증권.

●현재 내가 활용 중이고 바뀔 가능성이 있는 섹터 ETF 목록

티커	ETF 명칭
EEM	Ishares MSCI Emerging Market
GNR	SPDR Global Natural Resources
IWO	Ishares Russell 2000 Growth
JNK	SPDR High−Yield Bond
KBE	SPDR S&P Bank
KRE	SPDR Regional Banks
SPDW	SPDR Developed World, Ex−US Stocks
SPSM	SPDR S&P600 Small−Cap Stocks
XAR	SPDR Aerospace & Defense
XBI	SPDR Biotech
XES	SPDR Oil & Gas Equipment & Services
XHB	SPDR S&P Homebuilders
XLB	SPDR Materials Select Sector
XLC	SPDR Communication Services
XLE	SPDR Energy Select Sector
XLF	SPDR Financial Select Sector
XLI	SPDR Industrial Select Sector
XLK	SPDR Technology Select Sector
XLP	SPDR Consumer Staples
XLU	SPDR Utilities Select Sector
XLV	SPDR Healthcare Select Sector
XLY	SPDR Consumer Discretionary Select Sector

XME	SPDR S&P Metals & Mining
XOP	SPDR Oil & Gas Exploration & Production
XPH	SPDR Pharmaceuticals
XRT	SPDR S&P Retail
XSD	SPDR S&P Semiconductor Sector
XSW	SPDR Software and Services
XTL	SPDR S&P Telecom
XTN	SPDR S&P Transportation

내 포트폴리오에는 시장 위험을 갖는 ETF가 서른 개 담겨 있다. 어떻게 하면 좀 더 견고한 전천후 전략을 완성할 수 있을까?

당연하게도 나는 이들 ETF의 시점을 측정한다. 여기에도 이 장의 마지막에서 자세히 설명할 세 지표를 사용했으며 앞의 예시에서와 마찬가지로 심트레이더 플랫폼을 활용해 12.4년의 기간 동안 스무 개 펀드의 데이터를 분석했다.

결과는 내 실제 경험과 매우 비슷했다.

ETF는 롱포지션에 적합하며 길게 이어지는 강세장에서 수익성이 매우 좋았다. 강세장은 지난 12년 동안 자주 찾아왔다. 약세장이 길어지는 동안에는 ETF를 현금화하여 자산을 보존하고, 시장이 횡보할 때는 매매 시점을 잡기가 매우 힘들기 때문에 어쩔 수 없는 작은 손실을 감수해야 한다.

나는 어떤 섹터가 상승세로 접어들면 긍정적 위험을 활용하고, 그

● 섹터 ETF 시점 측정(롱포지션만)

- 측정 기간: 2010년 1월 1일~2022년 6월 1일(12.41년)
- 초기 투자금 10만 달러, 새로운 신호 때마다 100퍼센트의 자산을 롱포지션에만 투자
- 3개 지표를 활용한 시점 측정 패키지
- 21일[돈치안 21일, 켈트너 21일(인수 2.3), 볼린저 21일(매수 거래용 인수 2.0, 매도 거래용은 50일)]

통계	상승 신호 결과	하락 신호 결과
연평균복합성장률(CAGR%)	24.043	0
샤프 지수	0.849	
소티노 지수	1.110	0
평균 낙폭 대비 수익	3.402	0
최대 낙폭 대비 수익(MAR 비율)	0.492	0
최대 낙폭률(%)	−48.859	0
총 트레이딩 횟수(12.41년간)	1,048	0
이익 트레이딩	411	0
손실 트레이딩	607	0
승률	42.080	0
이익 계수(profit factor, 이익 트레이딩에서의 이익/손실 트레이딩에서의 손실)	1.50달러	0
총 이익	1,290,977달러	0

섹터가 하락하기 시작하면 부정적 위험을 제거하며, 시장에 움직임이 없을 때는 포트폴리오를 유지하려고 한다. 이러한 결정들이 모이면 전천후 포트폴리오가 된다.

시점매매 대상 선정 시의 고려사항

시점 측정에 따른 수익 생성이나 손실 회피는 시장이 큰 폭으로 움직일 때에만 가능하다. 시장에 아무런 움직임이 없다는 것은 수익도, 맞서야 할 위험도 없다는 뜻이다. 따라서 첫 번째로는 시장의 움직임이 자유로운지 살펴야 한다. 시점매매라는 수단은 시장 움직임이 클수록 그 효과를 발휘한다.

두 번째 기준은 유동성이다. 트레이딩 수단에는 대부분 매수/매도 스프레드가 존재한다. 매수 호가는 매수자가 해당 종목의 구입을 위해 지불하고자 하는 가장 높은 금액이고, 매도 호가는 매도자가 해당 종목을 판매하는 대가로 받고자 하는 가장 낮은 금액이다. 매수 호가와 매도 호가가 같으면 거래가 성사되며 매수자와 매도자는 자신이 제시한 금액을 주고받는다.

트레이딩 규모가 다양한 유동적인 시장에서는 매수/매도 호가 스프레드가 촘촘하게 형성되므로 거래 비효율성 탓에 드는 트레이딩 비용이 가장 낮다. 더 큰 기업이나 거래 규모가 큰 시장, 역대 매수/매도 호가 스프레드가 더 촘촘히 형성된 트레이딩 수단을 찾아보자.

시점매매 후보를 거르는 다른 기준은 높은 변동성이다. 트레이딩 수단이 빠르게 반응할수록 더 많은 위험을 방어 및 관리할 수 있다. 많은 증권사 플랫폼들에서 기존의 변동성을 알아볼 수 있으니, 여러분은 이를 다양한 수준의 가능성을 지닌 시점매매 후보들을 평가하는 데 사용하면 된다.

레버리지/인버스 ETF

펀드매니저들은 기존의 뮤추얼펀드와는 위험 노출 성향이 매우 다른 갖가지 유형의 ETF를 개발해냈다. 그 결과 트리플 레버리지 인덱스 펀드처럼 작용하는 펀드나 추종 지수가 하락할 때 수익을 내는 인버스 펀드가 탄생했다. 이런 새로운 펀드들은 레버리지 정도나 수익을 내는 시장의 방향성이 각양각색이기에 투자 시점을 측정해 다양하고 공격적인 포지션을 구성하려는 트레이더가 활용하기에 좋다. 하지만 이러한 펀드들을 활용할 때는 주의해야 한다. 유지비용이 높을 수 있고, 시장이 예상대로 움직이지 않을 경우 트레이딩에 활용된 레버리지가 독이 되어 여러분을 해칠 수 있기 때문이다.

IRA/401K 또는 과세이연/면세 포트폴리오의 시점 측정

과세이연 또는 면세의 대상인 포트폴리오에 포함된 투자 종목의 가치는 어떻게 측정할까? '매수 당시보다 가치가 떨어진 탓에' 포트폴리오의 포지션을 매도할 수 없다고 이야기하는 사람들이 많은데, 이는 잘못된 생각이다. 세금 측면에서 IRA, 401K,* 연금 계좌나 과세 혜택이 보장된 다른 포트폴리오 내에서는 투자 종목을 사고팔아도 그에 따르는 영향이 거의 없다. 이러한 포트폴리오 내에 존재하는 주식이나 채권, 또는 기타 투자 상품 1달러어치와 현금 1달러는 가치가 거의 똑같다는 뜻이다. 요즘은 컴퓨터를 통해 클릭 몇 번으로 세금 부담 없이, 심지어

----

* 미국의 확정기여형 기업연금제도.

매우 적은 수수료만 내고 투자 대상을 손쉽게 변경할 수 있다.

손실이 나는 포지션을 계속 안고 가도록 스스로를 억눌러야 할 합리적 이유는 없다. 포트폴리오에서 고려해야 할 가치는 해당 포지션의 가격이다. 언제 얼마에 매수했는지는 생각할 필요가 없다는 의미다. 그러니 포트폴리오 내에서 수익을 내거나 위험을 줄일 수 있는 포지션인지만 고려하면 된다.

명심하자. 이러한 과세 혜택이 있는 포트폴리오에서는 실현 손익에 대한 세금 효과가 없기 때문에 시점매매가 위험을 제거하는 좋은 방법이 될 수 있다. 이러한 포트폴리오 안에 든 1달러는 주머니 속 1달러 지폐만큼의 가치를 갖는다.

활용할 수 있는 시점 측정 지표

시점 지표와 매개변수는 트레이더 수만큼이나 다양하게 조합될 수 있다. 나는 이러한 지표들을 매수/매도 엔진이라 부른다. 엔진은 무언가를 움직이게 하는 것이니, 그 명칭처럼 매수/매도 엔진은 트레이더가 매수 또는 매도를 하게끔 만든다. 그렇다면 나는 시점 측정 매수/매도 엔진에서 어떤 정보를 찾을까? 몇 가지를 함께 살펴보자.

우선 나는 시기마다 시점을 계산할 수 있도록 컴퓨터에 프로그래밍하기 쉬운 도구를 원한다. 또한 누구에게라도 지표의 논리와 타당성을 쉽게 설명하고 이해시킬 수 있어야 한다고 생각한다. 단순한 매수/매도 엔진은 매수하든 매도하든 아무 조치를 취하지 않든 어떠한 의구심도 남겨서는 안 된다.

더불어 나는 매개변수가 최소한으로 활용되는 지표를 좋아한다. 트레이더에 관한 '마법사들' 시리즈를 쓴 잭 슈웨거는 그 자신이 성공적인 트레이더이기도 하다. 나와 대화하는 동안 그는 '제한 정도degrees of restriction'라는 용어를 사용했다. 지표에 지정해야 하는 매개변수가 많을수록 지표에 제한을 걸게 된다는 게 그의 생각이었다. 매개변수가 많으면 지표는 마주하게 될 다양한 환경을 처리하는 데 덜 적극적일 수밖에 없다. 그러므로 나는 최소한의 매개변수가 존재하는 지표를 선호한다.

그다음으로 내가 선호하는 것은 시장이 명확한 움직임을 보이는지 아닌지의 여부를 확실하게 나타내주는 지표다. 이런 이유에서 나는 가격 변동이 무시할 정도로 미미하게 일어나는 노이즈존noise zone을 표시해주는 지표가 좋다. 이러한 지표에서는 가격 움직임이 커지면 상승 또는 하강 신호를 읽을 수 있으므로 트레이더는 매수와 매도 시점을 분명하게 파악할 수 있다. 내 경우 노이즈존을 알 수 없는 이동평균은 선호하지 않는다.

마지막으로 나는 지표 또는 지표의 매개변수를 주기적으로 '최적화'하는 것은 유쾌하지도 논리적이지도 않다고 생각한다. 50일 이동평균에는 한 가지 매개변수만 존재할 수 있고 이는 전혀 나무랄 일이 아니다. 하지만 다음 1년간의 신호를 생성하는 데 최적이었던 50일 이동평균이 그다음 해의 신호를 측정하는 데는 전혀 도움이 되지 않을 수 있다. 나는 다양한 시장 환경에 맞춰 변화하는 지표를 활용한다. 시장 변동성이 커지면 지표는 자동으로 노이즈존의 범위를 넓혀주고, 시장이 안정적일 때는 시의적절한 신호를 민첩하게 산출할 수 있도록 가격 움직임을 더 촘촘하게 표시해주어야 한다.

내가 가장 선호하는 추세추종 지표: ① 돈치안 채널

나는 리처드 돈치안Richard Donchian이라는 인물이 개발한 간단한 지표를 수십 년간 사용해왔는데, 몇십 년 전에 트레이더들을 위한 개인 만찬에서 운 좋게도 그의 이야기를 직접 들을 수 있었다. 돈치안 채널은 그의 이름에서 따온 명칭이다.

그의 이론은 간단하고, 지표 역시 구성과 사용이 쉽다. 그는 일반적인 가격 움직임의 위아래에 구간을 설정했다. 또한 매개변수는 단 하나만 선택했는데, 가격 데이터상에서 돌아볼 수 있는 과거 데이터의 범위가 그것이었다.

돈치안 채널을 활용하면 상승 신호에 매수하고 하락 신호에 매도하는 것 외엔 아무 일도 할 필요가 없다. 이 채널 지표는 간단하고 매개변수가 하나뿐이며 노이즈존을 표시한다. 시장이 요동쳐 가격 움직임이 커지면 노이즈존을 넓히고 가격 움직임이 작아지는 잠잠한 시장에서는 노이즈존을 좁힌다. 한마디로 버팀목 같은 지표라 할 수 있다.

돈치안 채널의 정의

지난 X일 동안의 일별 최고가 중 가장 높은 가격과 일별 최저가 중 가장 낮은 가격을 바탕으로 가격 움직임의 위아래에 채널을 구성하여 해당 기간 중의 극단 가격을 표시한다. 이 극단 가격들 사이의 영역은 노이즈존으로 보고 무시한다. 채널의 상단보다 위쪽에 있는 시장은 상승 추세에, 하단보다 아래쪽에 있는 시장은 하락 추세에 있다고 보면 된다. 돈치안 채널의 이점은 특정 기간 동안 가장 멀리 벗어난 가격을 측정할 수 있다는 것이다.

내가 가장 선호하는 추세추종 지표: ② 켈트너 밴드

켈트너 밴드 또한 유용한 지표다. 기업재무연구소Corporate Finance Institute•는 켈트너 밴드의 역사를 다음과 같이 설명한다.

켈트너 밴드라는 명칭은 미국의 곡물 무역업자인 체스터 W. 켈트너 Chester W. Keltner의 이름을 따서 붙여졌다. 켈트너는 1960년 저서《원자재로 돈 버는 법How to Make Money in Commodities》에서 이 밴드에 대해 이야기했다.

....

• 재무 및 투자 전문가들을 위한 온라인 트레이닝과 교육 프로그램을 제공하는 플랫폼.

맨 처음 켈트너는 이 밴드를 열흘간의 이동평균이라고 설명했으며, 초기 버전의 중앙선은 고가, 중가, 저가의 평균인 전형 가격typical price을 보여 준다. 그 중앙선의 위아래에는 과거 열흘간 있었던 트레이딩 범위의 단순 이동평균을 기준으로 일정 거리만큼 떨어진 곳에 선들이 그려졌다.

여기서의 전략은 종가가 상단선 위에 자리하면 강력한 상승 신호로, 하단선 아래에 자리하면 약세 신호로 간주하는 것이다. 후에 린다 브래드포드 래쉬케Linda Bradford Raschke는 다양한 평균 기간과 지수 이동평균 그리고 밴드에 대한 실질가격변동폭average true range, ATR을 추가하며 켈트너 밴드를 더욱 발전시켰다.

켈트너 밴드의 정의

이 지표에서는 지수 이동평균exponential moving averages을 나타내는 그래프에 변동성 또는 실질가격변동폭을 기반으로 상단 및 하단에 선이 추가되어 노이즈존을 형성한다. 그래서 켈트너 밴드 지표는 산출이 간단하고, 매개변수도 시간 및 상하단의 선을 결정하는 실질가격변동폭의 배수 두 개뿐이다. 노이즈밴드를 표시하며 실질가격변동폭을 사용해 노이즈존의 상단과 하단 선을 확장하거나 수축한다.

켈트너 밴드는 시장의 수익 가능성 변화에 따라 변동성 지수를 조정할 수 있다. 이 지표에서 변동성은 X일이란 기간 동안의 실질가격변동폭으로 측정한다. 지표는 우선 이동평균(나는 지수 이동평균을 더 좋아하지만 상관은 없다)을 산출하고 평균에서 실질가격평균의 배수를 더하거나 뺀다. 선이 세 개 그려진 차트를 머릿속에 그려보자. 가운데 선은 이동평균이고 이 선은 가격 움직임 또는 내가 노이즈라 부르는 구간의 중앙에 위치하게 될 것이다. 상단선은 실질가격변동폭(변동성) 배수의 높은 쪽 밴드에 해당하므로 노이즈의 상단에 위치하게 된다. 더 낮은 쪽 밴드는 노이즈의 하단에 위치한다. 노이즈 또는 상단 밴드의 위쪽은 시장이 상승세라는 의미로, 하단 밴드의 아래쪽은 시장이 하락세라는 의미로 해석할 수 있다. 상단 선과 하단 선 사이는 노이즈로 무시한다.

내가 가장 선호하는 추세추종 지표: ③ 볼린저 밴드

볼린저 밴드 이해하기

내가 사용하는 마지막 매수/매도 엔진은 볼린저 밴드다. 수십 년 전 시점매매 콘퍼런스에서 나와 만난 적 있는 존 볼린저John Bollinger가 1980년대에 만들어낸 지표다. 이 지표는 적응형 트레이딩 밴드의 필요성이 대두되고 당시 많은 사람들이 변동성은 정적이기보다 역동적이라는 사실을 깨달으면서 개발되었다.

볼린저 밴드는 증권, 외화, 원자재, 선물 등 모든 금융시장에 적용할 수 있으며 초단기간부터 시간, 일간, 월간까지 거의 모든 종류의 기간에 활용할 수 있다.

볼린저 밴드의 정의

지수 이동평균이 산출의 기초가 된다는 점에서 이 지표는 켈트너 밴드와 비슷하다. 하지만 볼린저 밴드는 켈트너 밴드와 달리 지난 X개 기간 동안의 가격 표준편차를 변동성 단위로 사용한다. 켈트너 밴드처럼 볼린저 밴드도 채널 노이즈존의 상하단의 선들을 구성하기 위해 인수를 사용한다. 가격의 표준편차를 인수로 곱해서 선들을 산출하는 것이다. 볼린저밴드는 산출이 간단하고, 기간과 인수라는 두 가지 매개변수를 사용하며, 노이즈존을 표시하고 가격 변화의 표준편차에 따라 노이즈존을 확장 혹은 수축한다는 점 때문에 내가 가장 선호하는 세 지표에 포함되었다.

시점매매 요약

이 장에서는 시점매매가 위험에 대응하고 그것을 적극적으로 줄이는 손쉬운 방법인 이유에 관해 다양한 내용을 다뤘다. 나는 세 가지 예시들 그리고 시점매매 전략을 사용하는 트레이더가 위험 환경을 대폭 바꾸기 위해 활용할 수 있는 간단한 지표 조합을 소개했다. 여기에서의 기본 철학은 자신에게 유리하게 작용할 수 있는 위험은 받아들이고 손해를 입힐 수 있는 위험은 제거하는 것이다.

물론 완벽한 시스템이라 하기는 힘들다. 부정적 위험 신호를 받을 때가 있는가 하면, 시장이 신속하게 이를 날려버려 여러분에게 유리한 상황이 될 수도 있다. 또한 시점매매를 하다 타이밍을 잘못 잡는 바람에 작은 손실을 볼 수도 있는데, 이러한 손실은 시점매매를 위해 치러야 하는 대가이며 내 포트폴리오에서는 충분히 수용 가능한 정도의 것이었다. 기억할 것은 가격이 계속해서 여러분에게 불리하게 이동하는 동안 시점매매를 사용해 큰 잠재 손실을 막을 수 있다는 사실, 그리고 때에 따라선 위험을 활용해 수익을 볼 수도 있다는 사실이다. 전천후 트레이더로서 가격이 큰 폭으로 이동하는 기간을 활용하고 재앙적 손실을 피하기 위해 작은 손실을 감수할지 판단하는 것은 여러분 몫이다.

6장

포트폴리오 헤징하기

5장에서 우리는 위험을 활용해 수익을 창출하기 위해 시장의 매매 시점을 측정하는 방법을 알아보았다. 부정적 위험으로부터 나머지 포트폴리오가 안전하도록 시점매매 프로그램을 설정하는 것은 헤징 전략이라 볼 수 있다. 나는 이 접근 방식을 증권 포트폴리오에서 활용했다. 나는 언제나 ETF 25~30개와 함께 일반 주식 한두 개를 롱포지션으로 보유하고 있다. 주식 시장이 하락세일 때 이들은 모두 물길을 거슬러 올라가야 하고, 나는 지난 장에서 다뤘던 시점매매와 함께 각각의 롱포지션에 헤징 전략을 추가해 포트폴리오를 보호한다.

내 포트폴리오는 분산이 잘 이루어져 있지만 여러분의 포트폴리오가 주식을 기반으로 하는 롱포지션 중심이라면 명심해야 할 것이 있다. 주식 시장은 잘 알려진 지수에서 측정된 것처럼 때론 50퍼센트까지도 하락하며 여러분의 포트폴리오를 곤경에 빠뜨릴 것이란 점이다. 위험 감소 대책이 없는 포트폴리오들은 대부분 40~60퍼센트의 손실을 보게 된다.

헤징은 손실을 상쇄할 수 있도록 수익을 내기 위해 노력하는 전략이다. 약세장이 지속되어 포트폴리오가 큰 손실을 입게 생겼다 해도, 그 손실을 일부 메울 수 있는 수익을 낼 수 있다면 위험을 줄여 투자 과정에서 마음을 졸이지 않을 수 있다.

실제 예시

섹터 시점매매 전략에서 나는 내가 주목하고 있었던 스무 개 섹터 ETF를 상승 신호 시에 매수했다가 하락 신호가 왔을 때 매도했다. 스무 개 펀드가 한꺼번에 상승 신호를 보이는 경우는 거의 보지 못했고 모든 종목을 현금화해야 했던 경우 또한 거의 없었다. 말하자면 나는 시점매매 전략으로 미처 대응하지 못하는 하락 시장의 위험을 언제든 어느 정도는 안고 있다는 뜻이다. 그래서 나는 이러한 위험에 대처하기 위해 지수 헤징 전략을 사용한다.

우선은 헤징 수단을 선택해야 했는데, 내 ETF의 대부분이 주식 시장 전체를 아우르기 때문에 헤징 수단으로 S&P500 주가지수 선물 거래(티커는 ES다)를 사용하기로 했다. 나는 시장이 하락세면 ETF들에 손실이 발생한다고 보고, 하락 신호가 있을 때마다 헤징 수단을 매도했다가 상승 신호가 있을 때마다 되사기로 했다. 헤징이 해제되고 나면 내 ETF 포트폴리오는 고삐에서 벗어나 신나게 내달릴 수 있었다.

선물을 헤징 수단으로 선택한 데는 많은 이유가 있다. 수십 년간 선물을 트레이딩하면서 내가 선물이라는 상품을 잘 이해하게 되었다는 것이 첫 번째 이유다. 두 번째는 현재 세법상 자본 이익 가운데 장기 손익에는 60퍼센트의 양도소득세가 매겨지지만 단기 손익에는 40퍼센트가 매겨지기 때문이다. 더불어 매각 후 30일 이내에 주식을 재매수할 시엔 절세 대상에서 제외되는 규정인 '워시세일 룰wash-sale rule'이 적용되지 않아 짧은 기간 동안 필요한 만큼 여러 개의 헤징을 수행할 수 있다는 것이 마지막 이유다. 나는 세금 전문가가 아닌 트레이더지만, 선물을 헤징 수단으로 사용하기로 한 결정은 포트폴리오에 유익했다고 생각한다. 만약 여러분이 포트폴리오 헤징 수단으로 선물 트레이딩을 택했다면, 우선은 전문가로부터 세금 관련 조언을 구하도록 하자.

앞서 소개한 상승 및 하락 구간의 연구를 통해 나는 주식 시장에선 하락보다는 상승하는 때가 더 많다는 사실을 알게 되었다. 그리고 이 연구를 활용하여 지표의 상승 혹은 하락에 따라 민감성을 조정했다. 하락 신호에선 헤지 트레이딩을 트리거하기가 더 어렵게, 그리고 헤지를 청산하는 매수 신호를 트리거하기는 쉽게 만든 것이다. 나는 이 전략을 내 포트폴리오에 적용하기로 했다. 헤지 트레이딩 추가를 결정하는 기준 측정 기간은 50일, 헤징 해제를 결정하는 측정 기간은 21일로 설정했다. 지표는 돈치안 채널, 켈트너 밴드, 볼린저 밴드 등 세 가지를 사용했으며, 첫 번째로 매수 신호를 보내는 지표에 맞춰 헤징을 설정하고 세 지표 중 하나에서 매수 신호가 뜨면 헤징을 해제했다. 현재 나는 켈트너 지표의 인수로 2.3을 사용하고 있고 볼린저 지표에서는 2.0을 사용한다. 모든 매개변수는 아래 표에 표시되어 있다.

나는 이 매개변수와 시뮬레이션 플랫폼 심트레이더를 사용하여 ES 선물 거래의 하강 신호를 테스트했다. 1,000만 달러 규모 포트폴리오를 활용해 포트폴리오 내의 포지션이나 내가 거둔 수익이 포트폴리오의 규모에 영향받지 않게 했다. 이보다 소규모인 포트폴리오도 규모 큰 포트폴리오와 비슷한 방식으로 반응한다. 다만 포지션 사이징 알고리즘에 따라 포지션이 청산되기도 하는데, 결과에는 크게 차이가 없었다. **시뮬레이션 포트폴리오의 자본이 엄청나게 크면 측정 기간 동안 지정한 논리와 산출방식이 어떻게 작용하는지를 좀 더 실제에 가깝게 볼 수 있다.** 지난 몇십 년간 주식 시장이 일반적으로 상승했기 때문에 나

●━ 현재 사용 중인 헤징 매개변수(변경될 수 있음)

	돈치안	켈트너	볼린저
↓ 하강세 일수	50	50	50
↓ 하강세 인수	해당 사항 없음	2.3	2.0
↑ 상승세 일수	21	21	21
↑ 상승세 인수	해당 사항 없음	2.3	2.0

는 헤징에 약간의 대가가 따를 것으로 예상했고, 실제로 그랬다. 또 상승 신호에선 포트폴리오가 수익을 얻을 거라 예상되었는데 이 역시 실제로 그러했다.

그 최종 결과는 아래 표에 나와 있다. 종합해보면 포트폴리오에 재

심트레이더

● ES 헤징 시점 측정

- 측정 기간: 2010년 1월 1일~2022년 6월 1일(12.41년)
- 초기 투자금 10만 달러, 새로운 신호 때마다 100퍼센트의 자산을 롱포지션에만 투자
- 3개 지표를 활용한 시점 측정 패키지
- 21일[돈치안 21일, 켈트너 21일(인수 2.3), 볼린저 21일(매수 거래용 인수 2.0, 매도 거래용은 50일)]

통계	매수 후 보유	헤징 수단만	두 전략 결합
연평균복합성장률(CAGR%)	11.960	−4.161	11.079
샤프 지수	0.934	−0.453	1.013
소티노 지수	1.119	−0.655	1.275
평균 낙폭 대비 수익	7.757	−0.695	6.812
최대 낙폭 대비 수익(MAR 비율)	0.396	−0.230	0.554
최대 낙폭률(%)	−30.192	−18.090	−19.993
총 트레이딩 횟수(12.41년간)	1	9	29
이익 트레이딩	1	2	10
손실 트레이딩	0	7	19
승률	100.000	22.222	34.483
총 이익	305,682달러	−14,875달러	267,832달러

앙이 될 수 있는 가격 하락 위험은 줄었고, 위험 대비 수익률은 어느 정도 향상되었으며, 최대 낙폭은 예상대로 감소했고, 분산의 긍정적 효과로 인해 총이익 또한 증가해 자산 증식에 도움을 주었다.

시뮬레이션을 돌려본 트레이더들은 으레 이렇게 묻곤 한다. "시뮬레이션 내내 손실만 보는 헤징 수단만 사용하는 전략을 왜 추가해야 하나요?" 그에 대한 답은, 이 전략을 활용해 자산 곡선을 매끄럽게 만들 수 있을 뿐 아니라, 복구하려면 엄청난 수익을 거둬야 하는 재앙적 손실을 어느 정도 방지함으로써 수익을 좀 더 정확히 예측할 수 있기 때문이다. 트레이더들은 약세장에서 헤징을 사용해 수익을 내는 한편, 더 낮은 가격으로 주식을 사서 위험 대비 수익률을 높일 수 있다. 이 두 전략을 조합하면 트레이더의 심리를 안정적으로 유지할 수 있고, 이는 트레이더들이 생각하는 것보다 장기적으로 훨씬 더 중요하다. 특히 나는 심각한 약세장에서 헤징 전략 없이 주식을 매수해 보유하는 일은 없으리라 생각할 만큼 헤징을 매우 중시한다.

얼마나 헤징해야 할까?

포트폴리오의 위험을 헤징하기로 했다면 '헤징 규모는 어느 정도로 잡아야 할까?'라는 질문을 해야 한다. 만약 열 개의 각각 다른 주식에 1만 달러씩 분산 투자된 10만 달러 규모의 포트폴리오가 있다면, 약세장에서 이 포트폴리오를 보호하기 위한 헤징의 규모는 어느 정도로 어떻게 결정해야 할까?

답을 구하는 가장 쉽고 간단한 방법은 포트폴리오의 주식 포지션과 동일한 규모로 헤징하는 것이다. 그러니까 트레이더가 액면가 10만 달러짜리 지수 선물을 매도한다면 지수가 포트폴리오의 주가 움직임과 똑같이 움직이지 않더라도 위험을 현저히 줄일 수 있다는 뜻이다.

하지만 이렇게 간단한 접근 방식에는 문제가 있다. 포트폴리오와 헤징 수단이 이동하는 속도를 고려하지 않은 채 결합시켰다는 게 그것이다. 자금 규모만 따질 경우엔 헤징이 너무 과하거나 부족할 수 있다. 유틸리티 주식utility stock*들로 구성된 포트폴리오는 헤징 수단보다 느리게, 변동성이 큰 기술주로 이루어진 포트폴리오는 헤징 수단보다 빠르게 움직일 것이다. 이는 포트폴리오에 맞지 않는 헤징이라 할 수 있다. 헤지 트레이딩을 마칠 때까지 헤징 수단의 변동 속도가 어떤지 예상하지 못할 경우, 결과는 더 나빠진다.

좀 더 효율적으로 헤징 규모를 정하려면 포트폴리오의 변동성을 측정하면 된다. 적정 기간 동안 일간 평균 이동률을 구하면 주식 포트폴리오의 변동성에 맞는 헤징 포지션 규모가 어느 정도인지 정할 수 있다. 지난 50일 동안 10만 달러짜리 주식 포트폴리오를 가지고 있었고, 매일 평균 0.3퍼센트만큼 가격이 이동했으며, 헤징 수단의 가격 이동률이 일간 0.3퍼센트라면 포트폴리오에 10만 달러를 헤징해야 할 것이다. 하지만 만약 헤징 수단의 변동성이 0.15퍼센트라면 이전보다 두 배가

....

• 필수재 생산 기업의 주식.

더 필요하다는 뜻이니, 헤징을 위해 20만 달러를 준비해야 한다.

헤징 수단으로 무엇을 사용할까?

나처럼 모든 사람들이 선물 트레이딩을 마음 편히 헤징 수단으로 선택하진 못할 수 있다. 선물 트레이딩에 대한 지식이 나만큼 많진 않을 수 있으니 말이다. 또한 선물 시장에 접근할 권한을 주지 않는 증권사도 있는 탓에, 헤징 수단으로 선물을 트레이딩하려는 트레이더들은 자신들이 가진 선택지를 평가해야 한다. 만약 주식 시장과 선물 시장 모두에서 거래할 수 있는 증권사를 통한 포트폴리오를 갖고 있다면 앞선 예시와 같이 추세추종 지표 또는 지표들의 조합을 사용한 선물 계약을 통해 포트폴리오를 헤징할 수 있을 것이다.

만약 포트폴리오를 구성한 증권사를 통해 선물 거래를 할 수 없는 경우라면 다른 접근 방식으로 포트폴리오를 헤징할 수 있다. 신용거래계좌margin account가 있다면 자신의 포트폴리오와 상관관계가 있는 지수 ETF를 공매도할 수 있다. 가령 포트폴리오상의 주식 대부분이 기술 관련주라면 티커가 QQQ인 나스닥 지수 ETF를 하락세일 때 공매도하고 상승세일 때 재매수하면 된다.

언젠가 태평양 연안 국가들을 기반으로 하는 주식들로 포트폴리오를 구성했다는 한 트레이더와 대화를 나눈 적이 있다. 태평양 지역을 자주 여행한다던 그는 자신이 잘 아는 기업의 주식을 보유하는 데 만족하고 있었다. 그는 자신의 포트폴리오와 밀접하게 관련된 퍼시픽림Pacific Rim 지수 ETF를 찾았고, 이를 하락 시장에서 포트폴리오를 헤징하기 위한 공매도 수단으로 정했다. 포트폴리오에 맞는 헤징 수단을 찾은 좋은 예라 할 수 있다.

내 아내의 IRA 계좌는 다른 문제를 안고 있었다. IRA 계좌에 관한 세법 규정 때문에 이 계좌로는 공매도를 할 수 없었다. 이를 해결하기 위해 나는 티커가 SPXU인 트리플 레버리지 인버스펀드를 포트폴리오 규모에 맞게 롱포지션으로 매수했고, 덕분에 IRA 계좌에서 롱포지션을 유지하면서 포트폴리오를 헤징할 수 있었다.

자신만의 전천후 헤징 전략 찾기

지금까지 포트폴리오를 헤징하는 다양한 방법을 살펴보았다. 하지만 여러분은 각기 다른 포트폴리오를 갖고 있을 것이기에, 헤징이라는 수수께끼를 푸는 해결책은 각자에 맞게 조정되어야 한다. 포트폴리오의 시장 위험을 줄이기 위해 여러분 중 일부는 간단히 선물 계약을 활용할 수 있을 테고, 또 다른 일부는 ETF 또는 인버스 ETF를 활용할 수도 있을 것이다.

무엇보다 내가 조언하고 싶은 건, 포트폴리오 때문에 받게 될 스트레스의 크기를 줄이는 과정이 꼭 완벽할 필요는 없다는 사실을 기억하라는 것이다. 위험한 포지션을 선택했거나, 시장 가격의 움직임이 불리하거나, 손실을 불러일으킬 수 있는 큰 사건이 터져 감수해야 할 위험이 커졌다고 판단될 때 포트폴리오를 헤징하면 이는 어떤 돌풍에도 끄떡없는 전천후 포트폴리오를 구성하는 데 도움이 될 것이다.

7장

극단적 분산

극단적 분산이란?

여러분이 수억 달러의 자산을 갖고 있고, 이 자산을 전 세계의 다른 시간대와 다른 시장, 롱포지션과 숏포지션이 뒤섞인 거대한 선물 포트폴리오, 부동산, 외화 시장에 분산 투자해두었다고 가정해보자. 여러분의 하루는 어떤 모습일까? 여러분은 이 모든 투자에서 어느 정도의 수익과 어느 정도의 손실을 볼 텐데, 답은 이렇다―만약 수익성 있는 포지션에서의 이득이 수익성 없는 포지션에서의 손실보다 크다면 여러분은 즐거운 하루를 보낼 수 있다.

이 책의 독자들 대부분을 비롯해 심지어는 나 자신도 자산이 수억 달러에 이를 정도는 아니다. 그러나 우리는 여전히 극단적 분산extreme diversification이란 개념을 통해 이익을 얻고 더 나은 성과를 거둘 수 있다. 전 세계의 수천 개 포지션을 유지하긴 어려운 일이지만, 다행히 상관관계가 거의 없는 포지션을 열 개 혹은 스무 개만 갖고 있어도 포트폴리오의 변동성을 덜 수 있다.

상관관계란 무엇이며 왜 낮게 유지해야 할까?

상관관계correlation란 포트폴리오 내의 두 종목이 함께 움직이는 정도를 측정하는 통계적 개념이다. A 주식과 B 주식 모두가 에너지 대기업의 주식이라면 오늘 유가가 1퍼센트 하락할 경우 둘 모두 그에 따른 부정적 영향을 받을 것이다. 이때 A가 0.75퍼센트, B가 0.75퍼센트 하락한다면 우리는 이 두 주식의 상관관계가 100퍼센트이며 상관계수는 1이라고 표현한다. 다시 말해 이 두 주식은 완전히 함께 움직인다는 뜻이다. 상관관계는 보통 수일간의 데이터를 바탕으로 측정된다.

가격이 상승하느냐 하락하느냐는 중요하지 않다. 두 주식의 가격이 같은 방향으로 움직이기만 하면 상관관계는 100이 된다. 그러나 주식 포트폴리오가 5퍼센트 하락하는 동안 앞의 장에서 이야기한 바와 같이 헤징 수단이 5퍼센트 상승했다면 이 둘의 상관관계는 어떻게 될까? 이 둘은 완전히 역의 상관관계, 즉 −100퍼센트의 상관관계에 있다고 할 수 있고, 이때의 상관계수는 −1이 된다. 헤징을 통해 수익을 얻어 포트폴리오의 잠재 손실 상쇄라는 목적을 달성하니 이는 아주 훌륭한 헤징 수단이라 할 수 있다. 하지만 극단적 분산의 포트폴리오에서 원하는 상관관계는 아니다. 이러한 수단은 언제나 서로 상충하고 수익 가능성을 해치기 때문이다.

우리는 상관관계가 없거나 낮은 대상을 찾아야 한다. 분산된 포트폴리오에서 두 종목이 각자 자신의 역할을 하길 원하기 때문이다. 서로 어떻게 움직이든 상관관계가 없으니 둘 다 하락하거나 상승할 수 있고, 한쪽은 우리에게 유리하게 움직이지만 다른 쪽은 우리에게 불리하게 움직일 수도 있다. 이 둘은 서로 독립적이다. 이런 상관관계를 활용하면 포트폴리오가 전체적으로 안정될 뿐 아니라 전천후 트레이더로서 성과를 고르게 유지하는 데도 도움이 된다.

상관관계 표의 예

내가 처음 자산관리 업계에 발을 들였을 당시엔 포트폴리오를 분산하는 방법이 몇 개 없었는데, 그중 하나는 서로 다른 산업 또는 국가의 주식을 매수하는 것이었다. 이상적이진 않으나 이 방법은 포트폴리오에 긍정적 영향을 미칠 수 있다.

경제가 전자기기를 기반으로 빠르게 돌아가는 요즘은 전 세계가 훨씬 가까워졌다. 뉴욕 시장이 좋지 않으면 시드니, 도쿄, 홍콩, 파리, 런던 시장도 나쁠 확률이 높다는 이야기다. 따라서 국가를 바탕으로 포트폴리오를 분산하기가 훨씬 어려워졌다. 주식 상관관계의 장기적 추세를 살펴보자.

다음의 그래프는 데니스 P. 퀸Dennis P. Quinn과 한스요아힘 보트Hans-Joachim Voth가 자신들의 논문 〈글로벌 상관관계Global Correlatioins〉*에 실었던 것으로, 지난 세기 글로벌 증권 시장의 상관관계를 요약한 것이다. 이 그래프는 오래된 분산 방식이 점점 그 효력을 잃어가고 있다는 사실을 명확하게 보여준다.

●● 지난 세기 글로벌 증권 시장의 상관관계

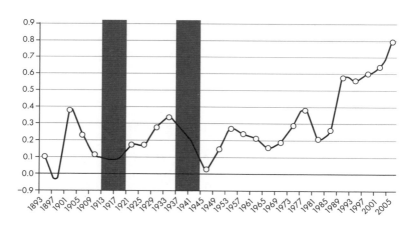

어둡게 표시된 영역은 두 차례의 세계대전에 영향을 받은 주식 수익률을 반영한 수치임.

....

* 데니스 P. 퀸과 한스요아힘 보트, 한 세기에 걸친 글로벌 증권 시장의 상관관계A Century of Global Equity Market Correlations, *American Economic Review* 98, no. 2(2008): 535-540, http://www. aeaweb. org/articles. php?doi=10. 1257/aer. 98. 2. 535.

● 세계 주식 시장의 상관관계

(국가)	러셀2000	나스닥	S&P	나스닥	DAX	CAC40	코스닥	ALL Ords	NZSE	NIKKEI
러셀2000 (미국)	1	0.96	0.99	0.94	0.77	0.90	0.82	0.83	0.87	0.61
나스닥 (미국)	0.96	1	0.97	0.88	0.67	0.83	0.77	0.77	0.87	0.56
S&P500 (미국)	0.99	0.97	1	0.94	0.75	0.90	0.84	0.85	0.91	0.56
나스닥 (영국)	0.94	0.88	0.94	1	0.82	0.92	0.87	0.90	0.86	0.60
DAX (독일)	0.77	0.67	0.75	0.82	1	0.93	0.85	0.74	0.61	0.65
CAC40 (프랑스)	0.90	0.83	0.90	0.92	0.93	1	0.91	0.88	0.80	0.62
코스닥 (한국)	0.82	0.77	0.84	0.87	0.85	0.91	1	0.91	0.84	0.45
ALL Ords (호주)	0.83	0.77	0.85	0.90	0.74	0.88	0.91	1	0.92	0.48
NZSE (뉴질랜드)	0.87	0.87	0.91	0.86	0.61	0.80	0.84	0.92	1	0.44
NIKKEI25 (일본)	0.61	0.56	0.56	0.60	0.65	0.62	0.45	0.48	0.44	1

2022년 6월 침체기 약세장 http://www.macroaxis.com/invest/worldMarketCorrelation

글로벌 분산의 한계를 보여주는 다른 예는 내가 2022년에 연구한 상관행렬에 잘 나타난다. 상관관계가 0.80 이상이라는 건 표의 X축과 Y축에 표시된 두 시장의 상관관계가 매우 높다는 뜻이다. 반대로 상관관계가 0.0에 가까울 정도로 매우 낮다는 건 상관관계가 부족하며 분산 가능성이 있다는 의미다.

경제가 공황상태일 때는 전 세계 시장들의 상관관계가 높으며, 험난한 약세장이 이어졌던 2022년 상반기까지 세계 시장이 같은 방향으로 움직인다는 사실을 알 수 있다. 이 기간 동안에는 이러한 상관관계 때문에 위험에 대비해 포트폴리오를 숨길 은신처를 찾기 힘들어진다.

한편 각 주식 간에도 분산 가능성이 낮다는 사실 또한 확인할 수 있다. 맥클레런 파이낸셜 퍼블리케이션McClellan Financial Publications의 허가를

●신고점과 신저점을 기록한 뉴욕증권거래소 주식 개수와 S&P 500 지수 비교

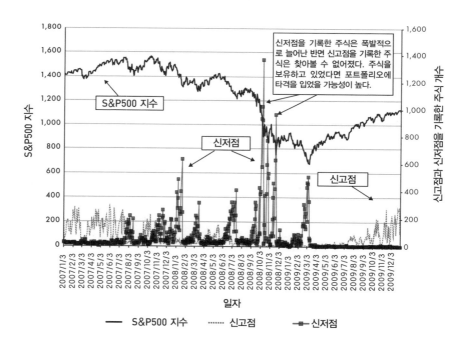

얼어 실은 앞 페이지의 그래프를 보자. 여기에선 2008년 주식 시장이 크게 타격을 입었을 당시 뉴욕증권거래소New York Stock Exchange, NYSE의 신저점을 기록한 주식들이 폭발적으로 늘고, 신고점을 기록한 주식은 시야에서 사라진 사실을 확인할 수 있다. 간단히 말해 주식 대부분이 신저점을 기록한 가운데, 주식 포트폴리오를 가진 트레이더가 몸을 숨길 곳이 없어졌다는 뜻이다.

상관관계가 없는 시장은 어떤 것들이 있을까?

100퍼센트 주식으로 구성된 포트폴리오는 포지션 간 상관관계가 점점 높아지고 있다는 사실을 몇 페이지에 걸쳐 살펴봤다. 이런 포트폴리오는 공황이 시장에 쉽게 반영되는 경제위기 시기엔 타격을 받기 쉽다. 1980년대에 롱포지션 주식 포트폴리오만 관리하고 있었던 나는 주식 시장에 주기적으로 재앙이 닥칠 때 포트폴리오 안에서 수익을 창출해내는 수단이 필요하다고 생각했다. 나는 롱포지션 또는 숏포지션 모두를 이용하면서도 세금 혜택을 받을 수 있고 유동적이면서 트레이딩하기 쉬운 수단을 원했다. 그리고 이러한 특징을 모두 갖춘 선물을 활용하기 시작했다.

무어 리서치 센터Moore Research Center에서 발표한 다음 자료는 다양한 선물 계약 조합의 각기 다른 상관관계를 나타낸다.

	YM	NQ	NK	US	ED	EU	JY	GC	PL	HG	CL	NG	KC	CC	SB	W	S	CT	LC	HE	LB
YM		73	70	23	9	4	−35	22	−4	3	−15	−18	06	−24	8	10	−11	0	10	−32	7
NQ	73		80	73	45	−6	9	0	−30	−32	−70	−18	−10	−56	41	42	−55	−42	−7	−62	24
NK	70	80		50	65	35	11	−25	14	−7	−47	21	−46	−22	64	28	−67	−44	−43	−69	−50
US	23	73	50		60	−5	53	−25	−42	−55	−89	−13	−21	−64	50	33	−73	−69	−26	−68	−41
ED	9	45	65	60		55	69	−36	8	−31	−65	49	−76	−14	76	3	−94	−77	−81	−85	−76
EU	4	−6	35	−5	55		42	−17	51	23	7	72	−79	42	37	−38	−42	−33	−64	−41	−55
JY	−35	9	11	53	69	42		−35	−5	−47	−52	37	−50	−2	57	0	−68	−60	−61	−52	−59
GC	22	0	−25	−25	−36	−17	−35		50	27	40	−18	26	6	−6	38	33	55	28	35	18
PL	−4	−30	14	−42	8	51	−5	50		45	56	62	−39	42	23	7	6	35	−23	17	−45
HG	3	−32	−7	−55	−31	23	−47	27	45		56	8	8	36	−30	−23	37	29	16	31	26
CL	−15	−70	−47	−89	−65	7	−52	40	56	56		18	19	59	−45	−25	76	81	35	73	32
NG	−18	−18	21	−13	49	72	37	−18	62	8	18		−68	39	41	−14	−32	−11	−53	−23	−74
KC	−6	−10	−46	−21	−76	−79	−50	26	−39	8	19	−68		−13	−52	26	64	50	79	61	70
CC	−24	−56	−22	−64	−14	42	−2	6	42	36	59	39	−13		4	−37	30	25	−5	34	5
SB	8	41	64	50	76	37	57	−6	23	−30	−45	41	−52	4		34	−75	−51	−55	−56	−72
W	10	42	28	33	3	−38	0	38	7	−23	−26	−14	26	−36	34		−15	10	17	−1	−29
S	−11	−55	−67	−73	−94	−42	−68	33	6	37	76	−32	64	30	−75	−15		84	77	90	69
CT	0	−42	−44	−69	−77	−33	−60	55	35	29	81	−11	50	25	−51	10	84		63	81	41
LC	10	−7	−32	−26	−81	−64	−61	28	−23	16	35	−53	79	−5	−55	17	77	63		72	63
HE	−32	−62	−69	−68	−85	−41	−52	35	17	31	83	−23	61	34	−56	−1	90	81	72		52
LB	7	−24	−50	−41	−76	−55	−59	18	−45	26	32	−74	70	5	−72	−29	69	41	63	52	

티커 코드		
YM = 다우존스 30	**GC** = 금	**SB** = 설탕
NQ = 나스닥 지수	**PL** = 백금	**W** = 밀
NK = 니케이 지수	**HG** = 구리	**S** = 콩
US = 미국 30년 국채	**CL** = 원유(서부 텍사스)	**CT** = 면화
ED = 유로달러	**NG** = 천연가스	**LC** = 생우
EU = 유로달러 FX	**KC** = 커피	**HE** = 비육돈
JY = 일본 엔화	**CC** = 코코아	**LB** = 목재

티커 코드를 다시 정리해보자.

YM = 다우존스 30	NG = 천연가스
NQ = 나스닥 지수	KC = 커피
NK = 니케이 지수	CC = 코코아
US = 미국 30년 국채	SB = 설탕
ED = 유로달러	W = 밀
EU = 유로달러 FX	S = 콩
JY = 일본 엔화	CT = 면화
GC = 금	LC = 생우
PL = 백금	HE = 비육돈
HG = 구리	LB = 목재
CL = 원유(서부 텍사스)	

어두운 색으로 표시된 칸들은 아주 높은 양 혹은 음의 상관관계를 의미한다. 양의 상관관계가 높으면 분산 효과를 기대하기 힘들고, 음의 상관관계가 높으면 포트폴리오 내 포지션들이 잠재적으로 서로 상충된다고 할 수 있다. 어두운 칸 안에 표시된 숫자는 80보다 크거나 같고,

-80보다는 작거나 같다. 무어 리서치가 데이터를 측정한 90일 동안 이들 조합으로는 바람직한 분산을 기대하기 어렵다. 하지만 표를 전체적으로 보면 조합 대부분의 상관관계가 그다지 높거나 낮지 않다는 사실을 알 수 있다. 비상관관계 영역이라 할 수 있는 -0.5에서 0.5 사이에서 분산 수단으로 사용할 수 있는 조합을 여럿 찾을 수 있다.

말이 되지 않는가? 전 세계의 목재 가격이 돼지 가격과 무슨 상관이겠는가? 일본 엔화 트레이더들이 면화 가격을 신경이나 쓸까? 아마 아닐 것이다. 그러니 서로 상관관계가 적은 이들 시장은 자기만의 리듬에 따라 움직이며 매우 다른 수입원을 제공해 포트폴리오를 안정적으로 만들어줄 수 있다.

오래된 자동차 엔진 모형을 떠올려보자. 각각의 피스톤은 매 시각 위, 아래 다른 위치에서 자기 역할을 수행하며 축을 돌리고 자동차를 앞으로 나아가게 한다. 극단적 분산 전략에서 분산된 포지션은 모두 수익을 낼 가능성이 있고 그 시점 또한 각각 다르기 때문에 좀 더 꾸준한

수익 흐름을 만들 수 있다.

비상관관계에 있는 종목들을 통해 트레이더는 포트폴리오 내의 다른 투자에 영향을 받지 않고 독립적으로 움직이는 종목들로 이루어진 마법의 분산 포트폴리오에 좀 더 가까이 다가갈 수 있다. 나는 선물 계약을 작은 규모로 4년 동안 트레이딩하고 나서야 수익을 내기 시작했고 내가 선물로 무엇을 할 수 있는지 깨달았다. 그렇지만 마침내 그 경지에 도달하자 극단적 분산이라는 완전히 새로운 세상을 만날 수 있었다. 정말이지 멋진 도착지였다!

내가 트렌드스탯에서 등록된 원자재 트레이딩 자문가Commodity Tradiing Advisor, CTA로 일하던 시절의 경험을 예로 소개하겠다. 관리형 선물 거래 상품은 선물 시장에서 수익을 창출하고, 원자재 트레이딩 자문가는 선물 시장에 움직임이 있을 시엔 수익을 낼 수 있으나 시장 움직임이 미미할 때는 골머리를 앓게 된다. 수익성이 있든 없든 이 시장은 같은 시기 주식 시장의 움직임과는 아무런 상관관계를 갖지 않는다.

바클레이헤지Barclay Hedge의 동의를 얻어 그래프 하나를 소개한다. 헤지펀드 및 CTA 산업과 관련이 있는 온갖 종류의 지수들을 추종하는 그래프인데, 나는 바클레이헤지의 웹사이트(www.barclayhedge.com)에서 다음과 같이 정의된 바클레이 CTA 지수를 사용했다.

바클레이 CTA 지수는 기존 프로그램의 복합적인 성과를 측정합니다. 이 지수에서 기존 프로그램이란 4년 이상 성과를 낸 이력이 있는 트레이딩 프로그램을 말합니다. 4년 이상 성과를 내야 한다는 기준을 충족한 트레이딩 프로그램의 이후 성과는 매년 초 균등하게 가중치가 적용되고 재조정되는 해당 지수에 포함됩니다. 바클레이 지수는 투자할 수 있는 실제 포트폴리오가 아니기 때문에 지수의 성과는 본질적으로 가상의 결과로 간주하고 비교치를 제시하기 위한 목적으로만 사용되어야 합니다.

나는 CTA 지수를 S&P500 주가지수에 대한 분산 수단으로 가정했다. 50퍼센트는 S&P500 지수에 포함된 주식으로, 나머지는 선물 포트

● CTA와 S&P500을 50:50 비율로 포트폴리오를 구성했을 때의 수익

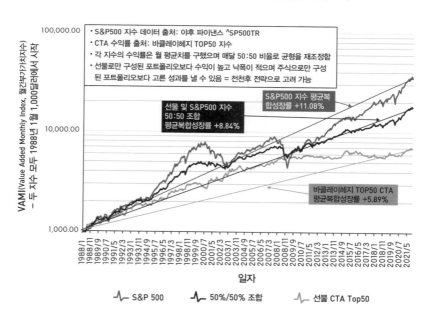

폴리오를 대표하는 CTA 지수로 포트폴리오를 구성한다고 가정해보자. 그래프에서 볼 수 있듯 CTA 지수가 포트폴리오 성과를 개선했을 구간과 저해했을 구간이 모두 존재한다. 이는 두 종목이 상관관계를 지니지 않았다는 뜻으로 해석할 수 있으며 극단적 분산을 원하는 우리가 찾는 수단이라 할 수 있다.

하지만 선물 거래는 위험하지 않나요?

항상 받는 질문이지만 보수적 트레이더로 유명한 나도 45년째 선물 트레이딩을 하고 있다. 포트폴리오 분산 수단으로 선물을 활용하는 전략에서 성패는 레버리지를 어떻게 활용하느냐에 달렸다. 레버리지가 크면 위험하지만 레버리지가 아예 없으면 재미를 보기 힘들다.

일례로 뉴욕상업거래소에서 거래되는 대형 원유 계약을 바탕으로 시카고상업거래소Chicago Mercantile Exchange, CME에서 거래되는 소규모 원유(서부 텍사스산 원유) 계약을 살펴보자. 이 계약은 추후 수출되는 원유 500배럴을 거래한다. 1배럴당 가격이 90달러라고 가정하면 트레이더는 원유를 액면가 4만 5,000달러에 살 수 있다.

여러분이 극단적 투자를 하고 싶다면 시카고상업거래소가 초기 마진initial margin*으로 요구하는 4,200달러를 내고 매우 위험한 수준인

---

* 　개시증거금. 선물거래 계약 시 예치하는 보증금을 지칭.

10.7:1 레버리지로 원유를 소유할 수 있다. 혹은 레버리지를 전혀 쓰지 않고 4만 5,000달러를 현금으로 전액 지불해 포트폴리오에 다소 지루한 포지션을 개시하는 것도 극단적 예가 될 수 있다. 트레이더 대부분은 이 두 경우의 중간 정도로 계약을 체결한다. 너무 과하지 않은 레버리지를 활용한다는 뜻이다.

부동산을 생각해보자. 부동산을 구매할 시엔 보통 10~20퍼센트의 계약금을 내야 주택담보대출이 실행된다. 대출 없이 구매가 전체를 현금으로 지불하는 사람이 있는가 하면 계약금을 전혀 내지 않는 사람도 있다. 이런 경우는 특히 2000년대에 많았다. 현금으로 집을 구입한 뒤 계속 그 집에 산다면 여러분의 전체 포트폴리오에서 부동산은 흥미로운 투자가 될 수 없다. 그런데 만약 집값의 5퍼센트만 수중에 있는 돈으로 지불하고 나머지는 대출을 받는다면 집값이 요동칠 때 대출금 때문에 곤란해질 수 있다. 집값이 떨어지면 대출금을 갚고 남은 자산이 마이너스가 될 수 있기 때문이다. 위험을 관리한다는 것은 레버리지를 관리한다는 말이기도 하다.

주식 마진과는 다른 선물 마진

주식의 마진율margin rates*은 연방준비제도이사회에서 정하는데, 이 책을 쓰고 있는 지금 시점엔 50퍼센트다. 증권회사에서는 연방준비제도이사회에서 제시한 제한을 침범하지 않는 선에서 자체적으로 마진율을

---

* 거래에 필요한 초기 증거금 비율.

정할 수 있다.

증권 포트폴리오에서 기본적으로 중개인은 포트폴리오 가치의 100퍼센트까지 자금을 빌려주기에 보유한 주식의 현금 가치보다 더 많은 추가 포지션을 매매할 수 있다. 중개인은 주식담보대출margin loan에 단기 이자율을 매긴다. 미래 시점에 배송되거나 수령할 상품에 대한 금액을 이야기하는 선물 계약에서의 마진은 다른 의미를 갖는다. 마진은 중개인과 거래소에 여러분이 선물 거래를 매수하거나 매도하기 위해 약속한 자금을 처리할 수 있다는 확신을 주기 위한 선의의 예치금이다. 앞서 제시한 원유 거래의 예에서 거래소는 4,200달러면 거래 능력을 확신할 수 있다고 판단한 것이다.

선물에서 마진의 수준은 극명하게 달라질 수 있다. 시장이 완전히 무너졌을 경우 거래소에서는 레버리지 비율을 낮추고 가격 변동을 잠재우기 위해 '선의의 예치금' 기준을 늘릴 수 있다. 오랫동안 시장이 매우 안정적일 때 거래소에서는 마진 요건을 낮춰 트레이더들이 시장에 보다 적극적으로 참여할 수 있도록 한다.

트렌드스탯에서 원자재 트레이딩을 자문하던 시절 우리는 15~20퍼센트의 자금을 마진으로 사용했다. 평균적으로 5:1 레버리지를 사용해 포지션을 매매했다는 뜻이다. 요즘 나의 은퇴 후 포트폴리오에서는 15~17퍼센트 수준이다. 내가 하고 싶은 말은 레버리지에 노출되는 정도를 여러분 스스로 정할 수 있다는 것이다. 자본 대비 마진 정도를 높이면 수익성을 높일 수 있고, 레버리지를 낮추면 심리적으로 덜 불안하지만 포트폴리오에 미치는 영향도 덜할 수 있다. 여러분은 자신에게 맞는 전천후 트레이더가 되면 된다. 자신의 그릇 안에서 결정을 내리면 된다는 뜻이다.

트레이딩 규모가 작은 트레이더가 이 책을 읽고 있다면 아마 앞서의 예시처럼 포트폴리오에서 4만 5,000달러짜리 원유를 매수하기란 썩 내키지 않는 일이라고 지적할 수도 있을 것이다. 하지만 배럴당 90달러에서 1달러가 오르락내리락한다고 가정하면 이는 주식 시장에서 하루에 주가가 1.1퍼센트 움직이는 것과 마찬가지고, 매일 이 정도의 등락을 겪는 기술주는 아주 많다. 마이크로 계약은 다양한 선물 시장에서 많이 이루어지고 있고, 나는 이 수단을 십분 활용하고 있다. 시카고 상업거래소는 에너지, 암호화폐, 귀금속, 주식 지수와 다른 원자재 섹터의 마이크로 선물옵션에 특화되어 있다(http://www.cmegroup.com/markets/microsuite.html).

기간별로 분산하기

포트폴리오에서의 선물 운영 시 나는 중단기 포지션을 선호한다. 은퇴한 마당인데 컴퓨터 앞에 앉아 요동치는 가격 창을 노려보며 하루를 보내고 싶진 않기 때문이다. 나는 하루에 한 번 결정을 내리고 주문을 넣는데, 이때가 유일하게 컴퓨터 모니터를 마주하는 시간이다. 나머지 시간은 더 생산적이거나 즐거운 다른 일을 하며 보낸다.

여러분 중에 좀 더 적극적으로 트레이딩하려는 사람이 있다면 기간별로 분산을 할 수도 있다. 가장 좋아하는 매수/매도 엔진 또는 지표가 21일 또는 약 한 달 정도의 트레이딩 기간을 바탕으로 운영된다고 가정해보자. 여러분은 9일 혹은 좀 더 짧은 기간으로 운영되는 다른 지표를 추가할 수 있을 것이다. 기간이 더 짧은 지표를 사용하면 전략을 실행하며 더 많은 트레이딩을 하게 된다. 또한 지표 산출에 필요한 일수가 적으면 일반적으로 매매 계약당 부담하는 위험이 손절매 수준으로 줄어든다. 포트폴리오 관리에 필요한 노력은 더 들겠지만, 고른 성과를 유지하고 위험 대비책을 추가해 전천후 포트폴리오를 만들 수 있다면 약간의 노력을 더할 가치는 충분할 것이다.

주식 포트폴리오에 선물 오버레이하기

내가 자산관리사 일을 손에서 놓기 시작한 1990~2000년대 사이에 발전한 이 개념은 관리형 선물 매매 전략을 주식 포트폴리오에 추가한다는 뜻이다. 따져보면 10만 달러짜리 주식 계좌를 사용하면 포트폴리오에 20만 달러어치 주식을 매도할 수 있다. 하지만 이런 방식은 레버리지를 사용하는 셈이기에 문제가 발생할 위험을 키우고 포트폴리오 분산에도 도움이 되지 않는다. 이는 그저 포트폴리오에서 수익을 올리는 방법일 뿐이다.

만약 우리가 자산의 20퍼센트, 그러니까 2만 달러를 떼어 작은 포트폴리오로 분산하면 어떨까? 지표에 적용되는 기간 차이를 활용하는 전략으로 관리하는 마이크로 선물 포트폴리오를 구성한다고 가정해보자. 우리는 10만 달러어치 선물 트레이딩을 할 예정이지만, 브로커와 거래소를 안심시키기 위한 '선의의' 예치금인 마진을 충족하는 데는 우리가 가진 자본의 15~20퍼센트만 활용하면 된다. 이렇게 하면 아직 활용 가능한 돈이 8만 달러나 남는다. 10만 달러짜리 주식 포트폴리오를 가진 동시에 같은 자본을 주식 시장과 관련이 없는 다각화가 가능한 시장에서도 굴려 수익 기회를 두 배로 늘릴 수 있다. 우리는 선물 포트폴리오와 포지션을 주식 포트폴리오에 '오버레이'한 것이다.

나는 내 자금을 트레이딩하면서 이 기술을 20년 넘게 사용하고 있다. 포트폴리오 분산 및 안정적 유지에 도움이 될 뿐 아니라 선물 시장이 활발히 움직일 땐 수익도 쏠쏠하며 자본 또한 보다 효율적으로 활용할 수 있기 때문이다. 다른 전략을 활용하는 분산이라 생각하자. 동일한 자본을 두 가지 전략으로 분산하여 굴리는 셈이다.

지난 34년 동안 바클레이헤지 Top50 CTA 지수에서 측정한 선물을 주식을 대표하는 S&P500 지수와 결합시켰다면 어떤 결과가 나왔을지 살펴보자. 이번에는 주식 포트폴리오에 선물을 오버레이하여 자본이 더 열심히 일하도록 만들 것이다. 이 경우엔 마진이 허용된다고 가정하며 자금의 100퍼센트를 주식에, 약 20~25퍼센트를 선물 포지션의 마진으로 사용한다. 임의로 자산균형을 재분배했으며 마진이자 비용은 포함하지 않았다. 그 대략적인 것은 '주식 포트폴리오에 선물 오버레이하기' 그래프와 같다.

자본이 두 배 더 일하도록 만든 것도 이득이지만, 오버레이 전략이 S&P500 지수만 트레이딩할 때보다 안정적이었다는 점이 더 중요하다. 수익을 높이고 포트폴리오를 더 안정적으로 유지할 수 있는, 전천후 트레이더가 추구할 만한 전략이다.

● 주식 포트폴리오에 선물 오버레이하기(예시)

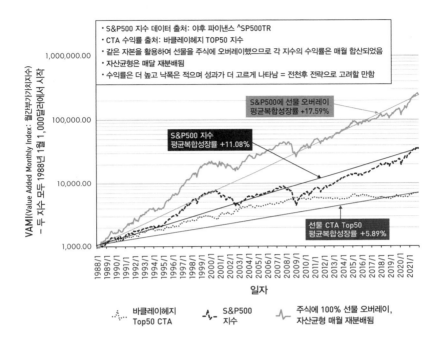

- S&P500 지수 데이터 출처: 야후 파이낸스 ^SP500TR
- CTA 수익률 출처: 바클레이헤지 TOP50 지수
- 같은 자본을 활용하여 선물을 주식에 오버레이했으므로 각 지수의 수익률은 매월 합산되었음
- 자산균형은 매달 재분배됨
- 수익률은 더 높고 낙폭은 적으며 성과가 더 고르게 나타남 = 전천후 전략으로 고려할 만함

세로축: VAMI(Value Added Monthly Index : 월간부가가치지수) – 두 지수 모두 1988년 1월 1,000달러에서 시작

1,000,000.00
100,000.00
10,000.00
1,000.00

S&P500에 선물 오버레이 평균복합성장률 +17.59%

S&P500 지수 평균복합성장률 +11.08%

선물 CTA Top50 평균복합성장률 +5.89%

일자

1988/1 1989/1 1990/1 1991/1 1992/1 1993/1 1994/1 1995/1 1996/1 1997/1 1998/1 1999/1 2000/1 2001/1 2002/1 2003/1 2004/1 2005/1 2006/1 2007/1 2008/1 2009/1 2010/1 2011/1 2012/1 2013/1 2014/1 2015/1 2016/1 2017/1 2018/1 2019/1 2020/1 2021/1

바클레이헤지 Top50 CTA

S&P500 지수

주식에 100% 선물 오버레이, 자산균형 매월 재분배됨

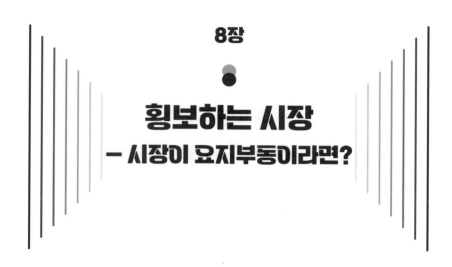

8장

횡보하는 시장
– 시장이 요지부동이라면?

앞선 장들에서 나는 다양한 시장, 기간과 다양한 전략을 활용하는 여러 기술을 제시했다. 그런데 내가 언급한 의견들은 시장이 상승이든 하락이든 한 방향으로 움직이고 있을 때 성과를 더 잘 내기 위한 방법이었다.

하지만 전천후 트레이더가 되려면 횡보 시장에 어떻게 대처할 것인지 역시 고민해야 한다. 수익을 내려면 수학적으로 저점에서 매수하고 고점에서 매도하거나 고점에서 매수하고 저점에서 매도해야 하는데, 그렇다면 시장이 횡보하는 시기엔 고전할 수밖에 없다. 시장이 움직여 줘야 트레이더가 합리적인 수익을 낼 수 있다는 소리다.

이번 장에서는 오랫동안 횡보하는 시장에서 내가 활용했던 방법들을 제시하려 한다.

횡보 기간에는 손실이 발생할 수 있다

전형적인 선물 트레이딩이나 ETF 시점 전략의 성과 그래프를 보면 하락 구간 대부분은 시장참여자들의 심리에 의한 가격 움직임 때문에 매수와 매도가 대량으로 발생한다는 사실을 알 수 있다. 이때 트레이더들은 대부분 작은 손실을 입는다. 수익성 있는 유리한 트레이딩을 할 수 없기 때문이다.

추세추종 전략에서는 상승세일 때 매수하고 가격이 하락할 때 매도한다. 횡보 시장에서 이 전략이 잘못 적용되면 트레이더는 연이어 매수나 매도를 하다 작은 손실을 입게 된다. 그런데 투자 중인 시장 전반에서 이런 손실을 반복해 겪고 나면 심리적 불안 상태가 찾아온다.

나는 간단한 시점매매 전략을 고안하고 10일, 40일 이동평균 교차 지표로 시점을 측정한 S&P500 지수를 적용해 그래프에 표시했다. 회색 동그라미 부분들을 살펴보면 트레이딩 수단 가격의 움직이는 방향이 수없이 변할 때나 가격이 횡보할 때 이 전략이 고전한다는 사실을 알 수 있을 것이다.

● 주식에 선물을 오버레이하는 경우의 예

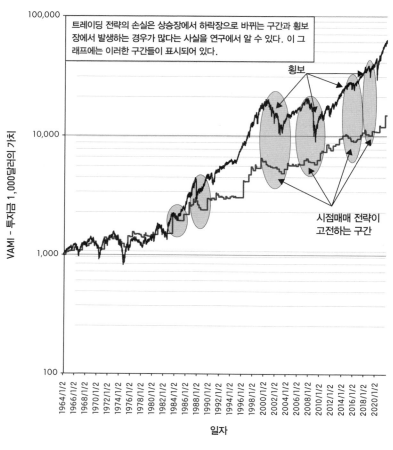

트레이딩 전략의 손실은 상승장에서 하락장으로 바뀌는 구간과 횡보장에서 발생하는 경우가 많다는 사실을 연구에서 알 수 있다. 이 그래프에는 이러한 구간들이 표시되어 있다.

횡보

시점매매 전략이 고전하는 구간

VAMI – 투자금 1,000달러의 가치

일자

⌐⌐ S&P500 지수(주식)   ⌐⌐ 시점매매 10일 vs. 40일 이동평균

시장에서의 소음

앞의 장에서 우리는 주식이 지난 58년간 60퍼센트의 시간 동안 횡보했다는 사실을 확인한 바 있다. 주식장이 열리는 시간의 절반 이상 동안 여러분은 제자리에 머무른다는 이야기다. 이 시기 동안 시점매매 전략을 택한다면 성과는 들쑥날쑥할 것이다. 거듭 말하지만 가격이 충분히 움직이지 않으면 저점에서 사고 고점에서 팔아 큰 수익을 내기가 힘들다.

하지만 시장에는 언제나 가격이 상승해 새로운 고점을 찍는 구간, 과매수overbought 상태로 상승세가 끝나는 구간, 상승 흐름이 끝나고 노이즈 구간에서 오르락내리락하며 횡보하는 구간이 존재한다. 한편 노이즈 구간에 머물던 가격이 불안정하게 하락하기 시작하면 트레이더들은 새로운 저점을 보게 될 거라 예상하기도 하는데, 시장이 다시 지지기반을 찾아 상승해 횡보 구간으로 되돌아올 때도 있다.

과매수부터 과매도까지 이어지는 작은 변동들은 다양한 지표로 측정할 수 있다. 이러한 측정에 가장 적합한 도구는 오실레이터Oscillator•다. 오실레이터에선 현재 시장의 상태를 지난 X 기간 동안의 시장 상태와 비교, 0~100 사이의 숫자로 정규화해 평가한다. 100은 극도로 과매수된 상태를 나타내고 가격이 하락할 가능성을 경고하며, 반대로 0은 극도로 과매도된 상태를 나타내며 가격이 반등할 가능성을 알린다. 가장

• 지표분석 방법 중 하나로 횡보장에서의 전환점을 포착함.

좋아하는 매수/매도 엔진에 더 짧은 기간을 적용하면, 일반적으로 가격이 횡보하는 동안에도 훌륭한 수익을 얻을 수 있는 전략을 구성할 수 있을 것이다.

아래 '오실레이터로 살펴보는 과매수/과매도 상태 시장' 그래프는 일본 엔화 선물 연속 계약의 6개월 그래프다. 과매수/과매도 지표로 내가 사용한 것은 스토캐스틱Stochastic RSI라는 유명한 오실레이터다. 환경 측정 기간은 한 달 동안 장이 열리는 일수인 21일로 설정했다. 위험 방향에 따라 전날 최고 또는 최저가를 돌파하는 가격을 간단한 매수/매도 트리거로 사용하거나 초단기적 추세추종 모델을 통해 가격역지정 stopping out 거래를 완료하는 방법으로 단기적 반전을 노리면 횡보시장에서 작게나마 수익을 창출할 수 있다.

● 오실레이터로 살펴보는 과매수/과매도 상태 시장

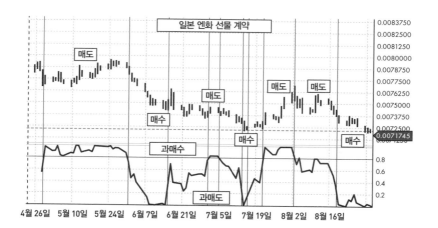

때론 장기적으로 큰 움직임이 될 흐름에 운 좋게 올라탈 수도 있다. 누구보다 빠르게 흐름을 잡게 되는 셈이다. 이러한 전략의 신뢰도는 어림잡아 50퍼센트 언저리이며 평균 수익은 평균 손실과 비슷한 수준인데, 나라면 이 전략만 사용하진 않을 것이다. 시장이 뚜렷한 강세장이거나 약세장일 때 트레이딩에서 꾸준히 발생하는 손실은 여러분의 인내심을 시험할 것이다. 하지만 이러한 기간 동안 나는 보통 추세추종 모델을 통해 손실을 방어하는데, 이 모델이 고전할 수밖에 없는 기간이라는 사실을 인지하고 있기에 포트폴리오의 안정적 유지 전략에 따라 큰 도전은 자제하는 편이다. 내 목표는 수익 곡선을 고르게 만들어 어떠한 시장 환경에도 대처할 수 있는 전략을 세우는 것이기 때문이다.

옵션스프레드

투자자가 옵션 관련 이야기를 하기 시작하면 나는 대번에 경계심부터 든다. 옵션은 관련 데이터가 완전하지 않은 데다 투자 전략을 자동화하는 데 한계가 있다고 판단해 나는 이제껏 트레이딩을 할 때 옵션을 멀리해왔다. 또한 나는 그리스 문자에 관심도 없을뿐더러 델타니 감마니 하는 용어를 잘 알지도 못한다.

하지만 지난 몇 년 동안 나는 횡보장에서 옵션을 사용해 수익을 낼 수 있는 간단한 방법을 찾았다. 앞서 우리는 시장이 상승, 하락, 횡보하는 데 각각 얼마나 많은 시간을 보내는지에 관한 연구를 살펴본 바 있다. 추세추종 전략으로는 60퍼센트의 시간을 차지하는 횡보 시장에서 큰 수익을 거둘 수 없다는 사실을 잘 아는 나는 이 기간 동안 수익을 기록하면서도 위험은 제한된 간단한 접근 방식을 찾는다면 전체 포트폴리오를 보다 안정적으로 운영할 수 있을 것이라 생각했다.

그리고 실제로도 그랬다. 내가 무엇을 했는지 알아보자. 먼저 나는 오실레이터로 시장이 과매수 상태인지 과매도 상태인지를 측정했다. 내 경우 스토캐스틱 RSI를 사용했지만, 대부분의 오실레이터가 이 작업을 수행할 수 있을 테니 여러분은 자신이 좋아하는 오실레이터를 사용하면 된다. 나는 시장이 과매수 상태일 때 주가지수에 대한 크레디트 콜 스프레드를 매도해 6~8일 후 청산하게 했다. '크레디트(신용)' 스프레드이므로 대금은 포지션을 실행할 때 받는다. 만기일이 되기 전 다음 X일 동안 시장이 정말로 횡보한다면 받은 크레디트를 유지하고, 주가지수가 나에게 불리한 방향으로 4~5포인트 움직이면 약속된 금액만큼의 손실을 본다. 또 지수가 내게 유리한 방향으로 움직이면 크레디트는

● 강세 및 약세 스프레드 요약

옵션 전략	트레이딩 설정	실행 주문	전략 위험/보상	수익성이 있는 환경
강세 풋 스프레드	풋옵션 매도/ 풋옵션 매수	높은 가격 매도/ 낮은 가격 매수	제한적인 손실/ 제한적인 수익	중립, 강세장, 중도적 약세장
약세 콜 스프레드	콜옵션 매도/ 콜옵션 매수	낮은 가격 매도/ 높은 가격 매수	제한적인 손실/ 제한적인 수익	중립, 약세장, 중도적 강세장

출처: Investopedia

빠른 속도로 0에 가까워지는데 이때는 아주 적은 돈으로 포지션을 청할 수도 있고, 오실레이터 신호가 과매수 또는 과매도를 가리키는 경우 크레디트 스프레드를 다시금 실행할 수 있다.

과매도 시장에서 시장 상승을 예상하고 크레디트 스프레드를 개시할 경우 다양한 가격에서 어떤 일이 일어나는지는 다음의 결과 요약 표에서 알 수 있다. 주가지수가 425에 있으므로 나는 425에 풋옵션을 매도하고 420에 풋옵션을 매수한다. 이 전략에서 수익과 손실은 모두 제한적이라는 사실을 기억하자. 신뢰도가 40퍼센트 미만이면서 평균 손실 대비 평균 수익 비율이 플러스로 치우쳤던 추세추종 전략과 달리, 이 전략은 신뢰도가 50퍼센트 이상이지만 평균 손실과 평균 수익 비율이 1:1에 가깝다.

●● 크레디트 스프레드 예시의 다양한 결과 요약

SPY(S&P500ETF) 가격	425 풋옵션 가격	420 풋옵션 가격	총 비용 ($)	거래 청산 시 수익 ($)	순수익 ($)
426	0	0	−2.78	+0.00	+2.78
425	0	0	−2.78	+0.00	+2.78
424	1	0	−2.78	+1.00	+1.78
423	2	0	−2.78	+2.00	+0.78
422	3	0	−2.78	+3.00	−0.22
421	4	0	−2.78	+4.00	−1.22
420	5	0	−2.78	+5.00	−2.22
419	6	1	−2.78	+5.00	−2.22

이 전략은 일주일에 한두 번, 몇 분씩만 투자하면 될 정도로 단순하다. 또한 이제까지의 트레이딩 승패율에서 꽤 높은 신뢰도를 보였으며 일반적으로 다른 전략이 고전하고 있을 때 수익을 냈다. 전천후 포트폴리오에 필요한 전략인 이유다.

평균 회귀

많은 트레이더가 횡보 시장에서 활용하는 전략이다. 사실 나는 시간이 많이 드는 평균 회귀 전략은 자동화로 활용할 수 있는 만큼만 사용한다. 이 유형의 전략은 시장, 특히 횡보하는 시장을 범주 매매의 대상으로 보는 것이다. 이때 트레이더들은 가격 범주의 저점에서 매수하고 고점에서 매도한다. 현재 내가 활용하는 것은 아니지만 이런 전략은 전형적인 추세추종 전략에서 발생하는 손실을 최소화하는 데 유용할 수 있다.

트레이딩 마스터리 스쿨Trading Mastery School*의 창립자이자 내 친구인 로런스 벤스도프Laurens Bensdorp의 도움을 받아 평균회귀 전략을 구성하는 방법의 예시를 소개한다. 이 내용을 자세히 설명한 그의 베스트셀러 《자동으로 고수익을 창출하는 주식투자Automated Stock Trading System》는 내가 읽어본 트레이딩 시스템 관련서 중 가장 읽기 쉽고 실용적인 훌륭한 책

---

* 로런스 벤스도프가 자신의 투자철학을 바탕으로 만든 투자 교육 프로그램을 제공하는 플랫폼.

이었다.

■ **목표:** 상승세에 주식을 매수하려면 매도세가 확실히 보일 때 매수한 후 평균 또는 정상 가격으로 되돌아갈 때까지 지켜보자.

■ **믿음:** 해당 주식의 가격은 과거엔 견고했으나 잠시 숨을 고르는 중이었으며 앞으로도 상승세를 이어갈 것이다.

■ **트레이딩 범위:** 뉴욕증권거래소, 아메리카증권거래소American Stock Exchange, AMEX, 나스닥 National Association of Securities Dealers Automated Quotations, NASDAQ에서 거래되는 모든 주식. 기대치가 낮은 전략이므로 트레이딩 범위가 넓어야 전략 실행 과정에서 충분한 주기를 확보할 수 있다는 사실을 이해해야 한다.

■ **요건:**
− 과거 50일간 일간 거래량 평균이 50만 주 이상이어야 주식이 충분한 유동성을 확보할 수 있음.
− 과거 50일간 일간 거래액 평균이 250만 달러 이상이어야 충분한 유동성을 확보할 수 있음.
− 실질가격변동폭이 4퍼센트 이상인 주식. 신속하게 평균으로 돌아가 잠재적으로 존재하는 수익을 얻을 수 있도록 변화가 빠른 주식이 유리함.

■ **설정:**

- 100일간의 단순 이동평균에 지난 10일간의 실질가격변동폭 값 하나를 더한 값보다 높을 때 거래를 종료함. 이는 확실한 주가 상승세를 나타냄.

- 7일 평균방향지수(ADX: 추세의 강도 측정). 여러 증권사 플랫폼(또는 investopedia.com)에서 이 수치가 55보다 큰 경우 추세 강도가 평균 이상이라 정의함.

■ **등급:** 평균방향지수 지표에서 추세가 가장 강력하게 측정된 주식에 집중할 수 있도록 7일 평균 방향지수가 큰 주식을 우선으로 함.

■ **시장 진입:** 이전 종가의 3퍼센트 아래에서 매수함. 트레이더는 좋은 주식을 더 싼 가격에 '거저먹기' 위해 노력하며 해당 주식이 지지점을 찾아 평균까지 빠르게 반등하길 기대함.

■ **손절:** 지난 10일간의 실질가격변동폭 값 세 개가 포지션 실행 가격보다 낮은 경우. 변동성이 큰 주식으로 회귀 과정이 시작될 때까지 내버려둬야 함.

■ **수익 실현:**

- 지난 10일간의 실질가격변동폭 값 하나.

- 기간 기반: 6일 후 역지정가로 거래가 완료되지 않은 경우 또는 수익

이 발생하지 않은 경우 익일 개장 시가로 청산. 이 시점에 트레이딩은 유리하게 작용하고 있지 않음.

로런스의 책에 예시로 실린 전략 개요를 그대로 소개했다. 평균 회귀 전략을 적용하는 방법은 수없이 많지만 탄탄한 전략에 필요한 모든 것을 갖춘 이 예시를 여러분에게 소개하고 싶었다.

역추세 트레이딩

나는 개인적으로 '순수한' 평균 회귀 트레이딩을 하기가 어렵다고 생각한다. 시장의 극단가에 지정가 주문을 넣어 아직 가격 도달 전인 임의의 지점까지로 손실을 제한하고 시장이 다시 평균으로 돌아오리라고 기대하는 것이 개인적으로는 못내 불편하다. 시장은 평균으로 돌아오기도 하나 특히 상승세나 하락세가 뚜렷할 때는 그렇지 않기도 한다. 나는 시장이 어떻게 될지 예측하기를 꺼리지만, 평균 회귀 전략을 활용하려면 예측을 할 수밖에 없게 된다.

역추세 트레이딩은 평균 회귀의 사촌쯤 되는 전략으로 같은 속성을 여러 개 공유하고 있다.

1. 장기 추세와 비교해 아주 짧은 전환을 통한 수익을 노린다.
2. 포지션 실행을 위한 특정 매수/매도 지점이 있으며 위험을 제한

한다.

3. 과매수 및 과매도 환경을 활용해 트레이딩한다.

4. 장기 추세가 강력하거나 지속적인 경우 큰 성과를 낼 수 없다.

내가 생각하는 역추세 트레이딩이란 무엇인지 알아보자. 나는 과매수/과매도 환경을 찾아 반대 방향으로 트레이딩을 설정한다. 내가 사용하는 오실레이터의 조건에 따라 시장 환경이 크게 하락한 후 과매도 상태라는 것을 확인하면 매수를 고려하고, 그런 다음 매우 단기적인 매수/매도 엔진을 사용해 상승 추세를 추종하는 거래를 유도한다. 이때 손절점은 지표에서 반대 방향으로 설정한다.

이 전략은 장기 추세추종 시점매매 모델과 다른 기간을 사용한다. 섹터 ETF의 매매 시점 같은 초장기 추세를 파악하려 할 때 나는 50일 데이터를 바탕으로 매도 역지정가를 설정하고 21일 데이터로 매수 역지정가를 설정한다. 역추세 트레이딩에서 나는 트레이딩하려는 시장이 선물 시장인지 주식 시장인지에 따라 1~3일 사이를 기간으로 지정할 것이다. 이 기간은 여러분 마음대로 설정해도 되지만, 중요한 점은 포트폴리오에 있는 장기 추세추종 모델에서보다 훨씬 짧은 기간을 지정해야 한다는 것이다. 횡보 시장에서 약간의 수익을 내기 위한 전략이므로 트레이딩은 단기간에 자주 이루어져야 하며, 트레이딩의 손실 대비 수익률은 더 낮다.

역추세 모델에서는 손실 대비 수익률이 일반적인 장기 추세추종 모델에서보다 낮기 때문에 높은 수익/손실 신뢰도를 기대하게 된다. 이런 전략에서는 50퍼센트 이상을 기대할 수 있지만 수익의 규모는 작을 것이다. 내가 얻은 한 가지 팁은 일반적인 포지션을 취하고 있다가 트레이딩 수익이 위험과 같아지면 포지션의 반을 청산하는 것이다. 이렇게 하면 트레이딩 위험을 즉시 낮출 수 있고, 남은 포지션은 주어진 기간은 짧겠지만 일반적인 추세추종 전략으로 트레이딩할 수 있다.

이 포트폴리오의 시뮬레이션 통계에서 주목할 점이 몇 가지 있다. 우선은 같은 포트폴리오에 장기 및 단기 전략이 모두 활용되었고, 또한 양쪽 전략 모두에서 돈치안, 켈트너, 볼린저 지표의 조합이 사용되었다. 실제 상황이었다면 지표별 분산도 가능하도록 지표들을 약간 혼합해 사용했겠지만 여기에서는 간단한 개념들을 제시하기 위해 그렇게 하지 않았다. 단기 시뮬레이션에서 해당 기간 동안엔 1만 9,750건이라는 엄청나게 많은 트레이딩이 이루어졌다. 손이 많이 간다고 생각해 실행하기 어렵다고 생각하는 트레이더가 많겠지만, 이러한 단기 전략이 장기적 전략의 분산화에는 어떤 도움을 주는지 보여주고 싶다.

일반적으로 여러 전략을 적극적으로 혼합하면 각각 다른 자산으로 전략을 따로 실행할 때보다 나은 수익을 얻을 수 있다. 각각의 전략은 어려움을 겪을 때 자본을 더 활용할 수 있는 이점을 누리고, 포트폴리오의 다른 전략이 어려움을 겪을 때는 영향을 덜 받을 수 있기 때문이다. 이렇게 하면 각 전략의 수익을 고르게 만들어 전체 포트폴리오에서 더 많은 수익을 낼 수 있다.

시뮬레이션 기간 동안 장기 전략으로 높은 수익을 내진 못했지만 트레이딩 수는 훨씬 적었다. 이 두 모델의 신뢰도는 전형적인 추세추종

● 26개 유동적 선물 시장의 초단기 시점 측정 및 장기 시점 측정, 혼합 전략

- 측정 기간: 2010년 1월 1일~2022년 6월 1일(12.41년)
- 단기 전략 조건:
  - 1,000만 달러, 각 트레이딩에 투자된 자본의 초기 자본 위험 0.1%, 기존 포지션에 투자된 자본의 진행 중인 자본 위험 0.2%
  - 3개의 지표를 활용한 시점 측정 패키지, 3일
- 장기 전략 조건:
  - 1,000만 달러, 각 트레이딩에 투자된 자본의 초기 자본 위험 0.5% 및 초기 자본 변동성 0.2%, 진행 중인 트레이딩에 위험 1.0%, 변동성 0.5%로 제한, 포트폴리오 위험 최대 15%, 포트폴리오 변동성 최대 7%
  - 3개 지표를 활용한 시점 측정 패키지, 21일
- 두 전략 결합
  - 두 전략에 대해 100% 자본 투자, 지속적으로 균형 재조정

통계	단기 전략 결과	장기 전략 결과	결합 전략 결과
연평균복합성장률(CAGR%)	15.121	3.467	18.954
샤프 지수	1.563	0.343	1.187
소티노 지수	2.360	0.556	2.000
평균 낙폭 대비 수익	8.730	0.700	4.835
최대 낙폭 대비 수익(MAR 비율)	1.102	0.083	0.520
최대 낙폭률(%)	−13.720	−41.770	−36.462
총 트레이딩 수(12.41년간)	19,750	3,188	9,148
이익 트레이딩	7,046	1,114	6,212
손실 트레이딩	12,474	2,055	5,806
승률	36.096	35.153	35.618
이익 계수(이익 트레이딩에서의 이익/손실 트레이딩에서의 손실)	1.12달러	1.07달러	1.10달러
총이익	4,806만 9,000달러	502만 8,000달러	7,606만 9,000달러
두 전략을 다른 프로그램으로 운영했을 때의 총이익			5,309만 7,000달러
두 전략을 함께 사용하며 적극적으로 재조정했을 때 추가로 얻은 이익			2,297만 2,000달러

모델과 마찬가지로 50퍼센트 미만이었다. 두 전략을 결합하면 일부 위험 대비 수익률이 높아졌고 전체 낙폭은 줄어든 반면 수익은 약간 향상되었다. 동일 시장에 있는 두 전략이 반대 방향을 추종하는 경우가 있어 포지션은 상쇄되면서 트레이딩 횟수가 줄었는데, 시뮬레이션 플랫폼에서는 이런 경우 트레이딩이 없다고 가정한다.

　더 많은 전략을 함께 실행하면 통계를 향상시킬 수 있다. 내가 현재 네 가지 기간과 여러 지표를 조합한 아홉 가지 전략으로 ETF, 선물 및 옵션을 통틀어 40~70개의 포지션을 운영하는 것도 이 때문이다. 전략이 추가될 때마다 수행해야 할 작업도 점점 많아지긴 하나 전략 실행에 더 집중할 수 있을 뿐 아니라 하나의 트레이딩이나 전략에 감정을 소모하지 않을 수 있다. 나는 포트폴리오의 위험 대비 수익을 향상하고 잠재 낙폭을 줄임과 더불어 좀 더 일관된 수익률을 유지함으로써 마음의 평정을 유지하고 있다.

9장

'구덩이' 메우기

8장에서 언급했던 내 친구이자 유능한 트레이더인 로런스 벤스도프는 포트폴리오에 전략을 추가하는 것을 자산 곡선의 '구덩이 메우기'에 비유한다. 나는 우리가 하는 일의 목적을 쉽게 시각화해주는 이 비유를 좋아한다. 어려움을 겪고 있을 때 기존 전략과는 아무런 관련을 갖지 않으면서도 수익을 창출할 수 있는 전략, 다른 시장, 다른 기간을 추가하면 구덩이를 메우는 데 도움이 될 수 있다. 다음 페이지의 그래프는 '구덩이 메우기'라는 개념을 시각적으로 이해시켜줄 수 있는 간단한 그래프다.

어둡게 표시된 부분은 트레이더가 불안에 휩싸인 탓에 잘 짜놓은 계

● 구덩이 메우기

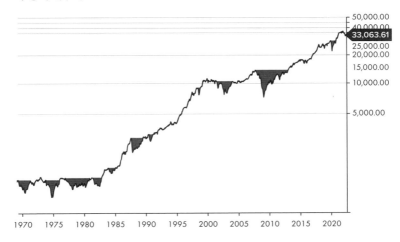

획을 버리기가 가장 쉬운 구간이다. 우리는 이런 '구덩이'를 메우도록 노력하면서 이러한 유형의 시장에서 수익을 창출할 수 있는 잠재력을 가진 전략을 세울 것이다.

간단한 구덩이 메우기 예시

광범위한 ETF를 롱포지션으로만 트레이딩하는 간단한 장기 추세추종 전략을 세웠다고 가정해보자. 시뮬레이션을 돌리면 별로 놀랍지 않은 결과를 얻을 수 있다. 이 전략은 주식 시장의 전반적 상승기에는 좋은 수익을 내고, 뚜렷한 약세장에선 현금 상태를 유지하며, 시장이 상승세에서 하락세로 바뀌는 구간 및 횡보장에서는 여러 번의 가격 낙폭을 경험하는 것으로 보인다.

주가지수 선물 계약에 기간이 더 짧은 롱/숏 포지션 추세추종 전략을 추가하면 어떨까? 숏포지션을 개시할 때마다 전체 포트폴리오를 헤징하고 잠재적 손실을 최소화할 수 있다. 횡보 구간에서는 롱포지션과 숏포지션 트레이딩으로 단기 수익을 창출함으로써 가격이 하락할 때 초장기적 전략에서 발생할 수 있는 큰 손실에 어느 정도 대비할 수 있다. 여기까지 여러분은 전략이 언제 어디에서 어떤 식으로 어려움을 겪을지, 다른 전략으로 일부 위험을 막을 수 있는 이유는 무엇인지 이해했을 것이다.

만약 기술주에만 집중한다면 어떨까? 이러한 기술 기업을 많이 포함하는 나스닥 지수가 미끄럼틀을 탄다면 포트폴리오는 손실을 입으리라고 예상할 수 있다.

그렇다면 주식 관련 포지션을 포함하지 않는 분산된 선물 포트폴리오를 추가할 경우엔 어떻게 될까? 극단적 분산을 통해 포트폴리오의 새로운 부분으로 잠재 수익을 창출하면 원래의 기술주 포트폴리오가 갖는 약점을 보완할 수 있을 것이다.

다른 예시로 매일 하나의 전략을 실행할 수도 있다. 주식 시장이 상승하든 하락하든 여러분이 옵션 프리미엄을 매도하는 데 도사가 되었다고 가정하자. 여기에도 위험이 도사릴까? 자, 여러분이 프리미엄을 지불하고 콜 옵션을 매도했는데 주식 시장이 상승한다면 큰 손실을 입을 가능성이 크다. 전천후 트레이더처럼 생각한다면 이때 무엇을 해야 할까? 아마 비슷한 포지션으로 장기적 전략을 고려할 것이다. 고삐 풀린 듯 이어지는 강세장이나 약세장에서 추세추종을 통해 큰 수익을 거두면 옵션을 매도하며 입을 수 있는 타격을 상쇄할 것이다. 횡보장에서 옵션 프리미엄 전략을 통해 좋은 성과를 거둘 수 있으므로 이 두 전략은 시너지 효과를 발휘해 전체 성과를 안정적으로 유지함으로써 여러분이 전천후 전략의 효과를 누리게 해줄 것이다.

내 포트폴리오 예시

나는 수년간 촘촘한 그물처럼 엮은 전략들을 활용해왔다. 지금까지 그중 몇몇 전략에 관해 언급했고, 더 이상의 자세한 설명은 하지 않으려 한다. 각 전략에 내가 붙인 이름들을 보면 해당 전략이 어떤 방식으로 트레이딩하며 전체 포트폴리오에서 어느 부분에 집중하는지 알 수 있을 것이다. 시뮬레이션 과정에선 어떠한 전략 또는 포지션도 성과를 낼 수 있도록 매번 초기 자본으로 1,000만 달러를 활용할 텐데, 이렇게 하면 시뮬레이션이 자본의 영향을 덜 받기 때문에 각 전략의 잠재력을 더 잘 확인할 수 있다.

이 예시에서 사용할 전략은 다음과 같다.

— 섹터 ETF 시점매매: 섹터 ETF 서른 개, 장기 추세추종.
— ES 선물 헤징: 시장에 장기적으로 노출되는 섹터 ETF 매매에서 숏포지션만 활용하는 헤징.
— 분산된 선물 시점매매: 스물여섯 개 시장, 장기 추세추종.

● 섹터 ETF와 ES 선물 시점매매 결합 전략

알파벳으로 나타낸 전략	A	B	C
시뮬레이션 통계명	섹터 ETF 시점매매 100%	ES 선물 헤징 100%	50%:25% 결합 전략
연평균복합성장률(CAGR%)	+18.126	-0.627	+9.610
샤프 지수	0.872	0.606	0.849
소티노 지수	1.150	0.884	1.116
최대 낙폭 대비 수익(MAR 비율)	0.467	0.066	0.451
평균 낙폭률(%)	-4.527	-2.765	-2.411
최대 낙폭률(%)	-38.830	-9.573	-21.311
낙폭 최대 소요 시간	885일	4,376일	884일
12.41년간 총 트레이딩 수	1,048	28	1,076
12.41년간 이익 트레이딩 수	500	9	513
12.41년간 손실 트레이딩 수	548	19	563
수익 가능 확률(%)	47.710	32.143	47.677
12.41년간 1,000만 달러에 대한 수익	6,653만 5,517달러	73만 1,263달러	2,068만 9,108달러
평균 트레이딩당 이익 계수	1.56달러	0.42달러	1.66달러

- 나스닥 선물 시점매매: 단기적 추세추종 모델을 활용한 롱/숏 포
지션.

- 선물 역추세: 초단기 롱/숏 추세추종.

- 암호화폐 선물 시점매매: 단기적 추세추종을 활용한 비트코인/이

더리움 롱/숏 포지션.

데이터에서 볼 수 있는 것처럼 아주 많은 일이 일어났다. 약간의 자동화가 필요하고 체계적으로 구성해놓아야 할 사항들이 많기는 하지만, 앞 페이지와 이후 몇 페이지에 실린 표들에서 볼 수 있듯 여러분의 트레이딩 방법을 '전천후 전략'에 맞게 잘 정돈할 수만 있다면 보상이 따를 것이다.

우선 앞 페이지의 표에서 포트폴리오의 기본 전략을 섹터 ETF 타이밍 시점매매로 놓고 ES 선물 헤징을 추가해 이 전략이 결과 통계에 어떤 영향을 미쳤는지 살펴보자. 전략 조합 시엔 자본이 고갈되지 않도록 각 전략에 투입되는 자금을 줄여야 한다는 사실을 기억하자.

섹터 ETF 시점매매에선 롱포지션을 보호하기 위해 수익을 약간 포기함에 따라 수익성이 낮아지고 위험 대비 수익률 역시 하락한 것처럼 보인다. 또한 트레이딩도 더 여러 번 해야 했다. 결합 전략에서 섹터 ETF에 50퍼센트의 자금을 투입하고 ES 헤징에 25퍼센트의 자금만 투입했다는 사실을 기억하면 자본 투입이 줄어든 영향으로 수익이 감소했다는 사실을 알 수 있다.

이제 극단적 분산을 통해 스물여섯 개 유동성 시장에서 롱/숏 포지션을 활용하는 장기 추세추종 선물 포트폴리오를 추가해보자. 이를 위해선 추가 전략에 자본을 분산할 수 있도록 각 전략에 할당된 비율을 조정해야 하는데, 결과는 '분산된 선물 시점매매 전략 추가' 표에서 확인할 수 있다.

● 분산된 선물 시점매매 전략 추가

알파벳으로 나타낸 전략	C	D	E
시뮬레이션 통계명	50%:25% 결합 전략	분산된 선물 시점매매 100%	50%:25%:50% 결합 전략
연평균복합성장률(CAGR%)	+9.610	+11.337	+15.551
샤프 지수	0.849	0.861	1.162
소티노 지수	1.116	1.430	1.656
최대 낙폭 대비 수익 (MAR 비율)	0.451	0.588	0.804
평균 낙폭률(%)	−2.411	−4.343	−3.074
최대 낙폭률(%)	−21.311	−19.274	−19.348
낙폭 최대 소요 시간	884일	884일	413일
12.41년간 총 트레이딩 수	1,076	7,202	8,278
12.41년간 이익 트레이딩 수	513	2,596	3,114
12.41년간 손실 트레이딩 수	563	4,504	5,062
수익 가능 확률(%)	47.677	36.563	38.087
12.41년간 1,000만 달러에 대한 수익	2,068만 9,108달러	2,695만 6,176달러	4,933만 8,262달러
평균 트레이딩당 이익 계수	1.66달러	1.11달러	1.23달러

전략을 추가적으로 결합한 결과 위험 대비 수익률이 개선되고 낙폭은 감소했으며, 수익성이 좋아짐에 따라 이익이 더 많아졌다. 트레이딩 수는 예상대로 더 늘었는데, 이는 추가 전략에 따라 더 많은 시장에서

심트레이더

● 단기 나스닥 선물 시점매매 전략 추가

알파벳으로 나타낸 전략	E	F	G
시뮬레이션 통계명	50%:25%:50% 결합 전략	나스닥 지수 단기 시점매매 100%	50%:25%:50%:25% 결합 전략
연평균복합성장률(CAGR%)	+15.551	+0.186	+15.693
샤프 지수	1.162	0.023	1.162
소티노 지수	1.656	0.031	1.652
최대 낙폭 대비 수익 (MAR 비율)	0.804	0.008	0.799
평균 낙폭률(%)	−3.074	−1.784	−3.132
최대 낙폭률(%)	−19.348	−23.852	−19.642
낙폭 최대 소요 시간	413일	3,689일	507일
12.41년간 총 트레이딩 수	8,278	262	8,512
12.41년간 이익 트레이딩 수	3,114	91	3,196
12.41년간 손실 트레이딩 수	5,062	171	5,214
수익 가능 확률(%)	38.087	34.733	38.002
12.41년간 1,000만 달러에 대한 수익	4,933만 8,262달러	23만 2,685달러	5,024만 7,881달러
평균 트레이딩당 이익 계수	1.23달러	1.03달러	1.23달러

활동하기 때문이다.

이 '분산된 선물 시점매매 전략 추가' 조합에 시장 상승세에서 수익률을 높여 하락세에 대한 예방책이 되어줄 단기 나스닥 시점매매(9일)

프로그램을 더해보자. 이 전략에서는 더 짧은 기간 동안의 주가 시장 움직임에서 수익을 얻는다. 결과가 '단기 나스닥 선물 시점매매 전략 추가 표'에 실려 있다.

이 전략이 추가된 포트폴리오에서 시뮬레이션 기간 동안 전체적인 통계는 거의 개선되지 않았다. 하지만 전략을 하나 더 추가하여 전체 포트폴리오가 더욱 다양한 시장 환경에 대처할 수 있도록 만들었고, 나중에 더 많은 시장 유형에서 살아남아 좋은 성과를 얻을 것이라 예상할 수 있다. 나라면 앞으로 만나게 될 '구덩이'를 메울 수 있도록 이 전략을 유지하겠다.

다음으로 앞서 언급된 D사례와 같은 포트폴리오에 3일이라는 매우 짧은 기간을 기반으로 하는 선물 트레이딩을 추가해보자. 그 결과는 '단기 선물 전략 추가' 표에서 확인할 수 있다.

초단기 선물 프로그램을 추가하면 꽤 도움이 되었다. 이 전략만 활용할 때에도 성과가 좋았고, 이제까지 논의한 네 개 전략 조합에 추가했을 때의 결과 또한 매우 훌륭해 보인다. 모든 통계에서 수익성이 개선되었고 위험 대비 수익률도 높아졌으며 낙폭은 물론 낙폭 구간에서 보내는 최대 소요 시간도 줄었다.

이제 마지막 전략을 추가해보자. 나는 암호화폐가 처음 등장한 후 직접 트레이딩을 하기까지 오래 망설였는데, 때마침 시카고상업거래소에서 암호화폐 선물 상품이 출시되었다. 선물 트레이딩을 잘 아는 나 같은 사람이 전체 포트폴리오에 추가하기 쉬운 상품이었다. 암호화폐 선물에서도 앞선 나스닥 시점매매에서 활용했던 9일이라는 단기적 추

세추종 전략을 택해 전략 조합에 추가했다. 결과는 '암호화폐 선물 시
점매매 전략 추가' 표에 나와 있다.

● 단기 선물 전략 추가

알파벳으로 나타낸 전략	G	H	I
시뮬레이션 통계명	50%:25%:50%:25% 결합 전략	단기 3일 선물 100%	50%:25%:50%:25% :50% 결합 전략
연평균복합성장률(CAGR%)	+15.693	+15.121	+24.858
샤프 지수	1.162	1.563	1.591
소티노 지수	1.652	2.360	2.408
최대 낙폭 대비 수익 (MAR 비율)	0.799	1.102	1.134
평균 낙폭률(%)	−3.132	−1.732	−3.127
최대 낙폭률(%)	−19.642	−13.723	−21.923
낙폭 최대 소요 시간	507일	681일	490일
12.41년간 총 트레이딩 수	8,512	19,750	11,702
12.41년간 이익 트레이딩 수	3,196	7,046	4,351
12.41년간 손실 트레이딩 수	5,214	12,474	7,218
수익 가능 확률(%)	38.002	36.096	37,609
12.41년간 1,000만 달러에 대한 수익	5,024만 7,881달러	4,806만 9,112달러	1억 4,576만 6,893달러
평균 트레이딩당 이익 계수	1.23달러	1.12달러	1.17달러

심트레이더

● 암호화폐 선물 시점매매 전략 추가

알파벳으로 나타낸 전략	I	J	K
시뮬레이션 통계명	50%:25%:50% :25%:50% 결합 전략	암호화폐 선물 단기 100%	6개 전략 50%:25%:50% :25%:50%:50% 조합
연평균복합성장률(CAGR%)	+24.858	+0.712	+25.751
샤프 지수	1.591	1.493	1.637
소티노 지수	2.408	2.328	2.482
최대 낙폭 대비 수익 (MAR 비율)	1.134	0.256	1.175
평균 낙폭률(%)	−3.127	−0.720	−3.086
최대 낙폭률(%)	−21.923	−2.785	−21.923
낙폭 최대 소요 시간	490일	88일	490일
12.41년간 총 트레이딩 수	11,702	14	11,717
12.41년간 이익 트레이딩 수	4,351	8	4,357
12.41년간 손실 트레이딩 수	7,218	6	7,226
수익 가능 확률(%)	37,609	57.143	37.615
12.41년간 1,000만 달러에 대한 수익	1억 4,576만 6,893달러	91만 5,981달러	1억 6,017만 2,252달러
평균 트레이딩당 이익 계수	1.17달러	3.13달러	1.18달러

마침내 내가 현재 실제 내 포트폴리오에 사용하고 있는 여섯 개 전략 조합까지 살펴보았다. 우리가 자금을 250퍼센트 활용하고 있다는 사실에 주목하자. 이렇게 할 수 있는 것은 선물 거래의 경우 전체 금액

의 일정 비율만 마진으로 요구하기 때문이다. 10만 달러짜리 거래를 하면서 그 중 마진으로 몇천 달러만 묶어두는 셈이다. 증권과 선물을 포트폴리오에 오버레이함으로써 나는 자본을 보다 효율적으로 사용할 수 있게 되었다.

물론 다른 좋은 아이디어가 떠오르면 언제든 전략을 바꿀 수 있다. 다만 나는 전체 포트폴리오를 전략별, 시장별, 기간별로 분산하게 되기까지의 사고 과정을 여러분에게 설명하고 싶었다. 마지막 전략의 모든 통계는 섹터 ETF 시점매매만을 활용한 처음 통계보다 개선되었다. 수익이나 위험 대비 수익률이 개선되었고 낙폭의 정도 및 기간이 줄었으며 결국은 더 많은 이익을 남길 수 있었다. 은퇴 후 내 계좌에서 단 한 가지 부정적인 면이 있다면 트레이딩을 더 많이 해야 한다는 점이다. 그러나 전략과 시장과 기간을 조합해 앞 표의 K 사례와 같은 통계를 얻을 수 있다면 얼마의 품이 더 들어도 나는 기꺼이 받아들일 생각이다. 첫 전략과 마지막 전략의 통계 차이가 명확한 답을 준다고 생각한다.

계산기를 두드리며 이 책을 읽는 독자가 있다면 아마 몇 개 전략에서 계산이 맞지 않다는 사실을 눈치챘을 것이다. 내가 사용한 시뮬레이터가 시뮬레이션에서 자금 배분 등을 적극적으로 재조정했기 때문이다. 손실 흐름에 있는 전략은 자본 배분 비율을 지키기 위해 다른 전략에서 발생한 수익을 통해 포지션 규모를 더 키우게 되어 있다. 일반적으로 정해진 비율로 단순 계산한 결과와 재조정을 거친 포트폴리오는 확연히 다른 결과를 나타내 보인다. 전반적 기록을 안정적으로 유지하고, 수익률을 활용하며 자본을 지렛대로 사용하며, 적극적으로 자산을

● 초기 전략 A와 최종 전략 K의 비교

알파벳으로 나타낸 전략	A	K
시뮬레이션 통계명	초기 섹터 ETF 시점매매 전략	6개 전략 50%:25%:50%:25%:50%:50% 조합
연평균복합성장률(CAGR%)	+18.126	+25.751
샤프 지수	0.872	1.637
소티노 지수	1.150	2.482
최대 낙폭 대비 수익 (MAR 비율)	0.467	1.175
평균 낙폭률(%)	−4.527	−3.086
최대 낙폭률(%)	−38.830	−21.923
낙폭 최대 소요 시간	885일	490일
12.41년간 총 트레이딩 수	1,048	11,717
12.41년간 이익 트레이딩 수	500	4,357
12.41년간 손실 트레이딩 수	548	7,226
수익 가능 확률(%)	47.710	37.615
12.41년간 1,000만 달러에 대한 수익	6,653만 5,517달러	1억 6,017만 2,252달러
평균 트레이딩당 이익 계수	1.56달러	1.18달러

재분배하는 전략 조합을 사용하면 하나의 전략을 단독으로 사용할 때보다 다양한 환경에서 성과를 개선할 수 있다.

여기에는 몇 가지 주의할 점이 있다. 이론적인 시뮬레이션을 너무 곧이곧대로 받아들여서는 안 된다. 데이터는 과거에서 온 한 조각의 정보일 뿐이고, 시장은 앞으로 계속 변할 것이다. 기술이 더 발전할 수 있는가 하면 시장 규모가 더 커지거나 시장 참여자가 보다 다양해질 수도 있으며, 소통이 더욱 즉각적으로 이루어지고 트레이딩이 가능한 시장도 늘어날 수 있다. 한마디로 미래는 언제나 변화할 것이라는 뜻이다. 하지만 나는 여러분이 목적지를 정하기만 하면 그곳에 도착할 방법을 어떻게든 찾아낼 수 있으리라 생각한다. 여러분이 길을 가는 데 내가 도움이 되었길 바란다.

모든 트레이딩이 모든 구덩이를 완전히 메우진 못할 것이다. 시뮬레이션 플랫폼에서는 파인 구덩이를 잘 막아냈지만 실제로는 메우는 데 실패하는 경우 또한 많을 테고 말이다. 적은 금액이거나 요즘은 아예 존재하지조차 않는 증권사 수수료도 실제로 트레이딩을 하다 보면 극복해야 할 짐이 될 수 있다.

나는 1,000만 달러짜리 포트폴리오로 모든 시뮬레이션을 시작했다. 포트폴리오 규모 때문에 시뮬레이션할 전략에 제한이 생기지 않도록 하기 위해서였다. 자본의 규모가 줄어들면 이 자본의 일정 비율에 해당하는 포지션 규모 또한 작아져 놓치는 트레이딩이 발생할 수 있고, 따라서 내가 설계한 개념보다 계좌 규모에 더 의존적인 결과가 발생하는 '소단위' 문제를 겪게 될 수 있다. 물론 이 책을 읽는 모든 독자가

1,000만 달러를 갖고 있지는 않겠지만 전략 조합이라는 개념을 잘 이해했다면 작은 규모의 계좌에서 놓치는 트레이딩이 발생하더라도 비슷한 성과를 낼 수 있을 것이다.

시뮬레이션에서 실행된 1만 1,717건이라는 트레이딩 수가 부담스럽게 느껴질 수 있다. 하지만 따져보면 연평균 994건의 트레이딩을 하게 되는 셈이고 연간 장 개시일은 250일이므로 이는 매일 약 3.78회의 트레이딩을 하게 된다는 뜻이다. 시간 여유가 있거나 전략을 자동화한다면 그렇게 겁먹을 만한 숫자는 아니다. 나도 매일 하고 있는 작업이고, 시간이 지난 뒤엔 기계적으로 트레이딩하며 지루함마저 느끼게 될 날이 온다.

여러분은 현재 어떻게 포트폴리오를 운영하고 있는가? 시장이 어떤 형태로 움직일 때 위험이 발생하고 성과가 떨어지는가? 포트폴리오가 고전하는 이 기간엔 어떤 전략이나 지표 또는 기간을 사용해서 이익을 볼 수 있을까? 이런 질문들에 답하다 보면 여러분은 '구덩이를 메워' 전천후 트레이더로 거듭날 수 있을 것이다.

10장

얼마나
사고팔아야 할까?

포지션 규모는 어떤 매수/매도 엔진을 고르느냐보다 더 중요하다. 그럼에도 트레이더 대부분이 자신의 여정을 시작하면서 포지션 규모가 아닌 어떤 방식으로 매수하고 매도할지부터 고민하는 이유는 무엇일까? 어떤 방식으로든 트레이딩을 통해 거두는 수익은 매도한 가격과 매수한 가격의 차액에 포지션의 규모를 곱한 값이니, 첫 부분에 대해선 열심히 고민하면서 두 번째 부분을 건너뛴다는 건 말이 안 된다. 하지만 어느 정도 규모로 트레이딩할지 고민하는 데 시간을 들이지 않는 트레이더들은 여전히 많다.

나는 《성공하는 트레이더는 포지션의 규모를 왜, 어떻게 결정할까?Successful Traders Size Their Positions — Why and How?》라는 책에서 이 주제를 다룬 적이 있다. 내 웹사이트를 비롯한 여러 곳에서 구매할 수 있는 짧은 전자책인데, 이번 장에선 이 책의 요점을 간단히 짚고 넘어가려 한다.

우선 가장 먼저 이야기하고 싶은 것은 포지션 규모가 매우 중요하다는 점이다. 트레이딩 수단의 매수 혹은 매도에 가장 좋은 신호를 찾기 위해 차트, 지표, 책들을 분석하는 데 들이는 수고는 줄여도 괜찮다. 대신 그만큼의 노력을 포지션 규모를 최적화하고 이해하는 데 쏟자.

매수/매도 엔진의 영향을 분석하다 보면 여러분에게 유리한 시장 움직임이나 추세가 강력할 경우, 어떤 지표를 사용하여 그 흐름에 빠르게 올라탔을 때와 다른 지표를 사용해 몇 시간 후 올라탔을 때의 수익에는 별 차이가 없다는 사실을 알게 된다. 아마 두 수익률의 차이는 60퍼센트 대 59.8퍼센트 정도에 불과할 것이다. 트레이딩 수익률을 60퍼센트로 만드는 방법을 조사하는 데 시간을 너무 쏟다 보면 결국 들인 노력에 대한 성과는 줄어들고 만다. 가장 중요한 것은 어느 시점이든 추세에 올라타서 수익을 낼 수 있는 포지션을 잡는 것이다.

얼마나 매수하고 매도해야 장기적 성공에 미치는 영향을 더욱 키울 수 있을까?

포지션 규모를 너무 크게 잡으면 장기적 포트폴리오가 무너질 가능성이 높아지고, 반대로 너무 작게 잡으면 트레이딩에서 이익을 보더라도 들인 노력에 비해 수익이 충분치 않을 수 있다. 그렇다면 자신에게 맞는 최적의 포지션 규모는 어떻게 찾아야 할까?

자본이 포지션의 규모를 결정한다

포지션 규모를 정하려면 계좌에 있는 자본이 얼마인지부터 생각해야 할 것이다. 간단히 말해 포트폴리오 규모가 크면 포지션 규모도 커져야 성과에 충분한 영향을 미칠 수 있다. 포트폴리오 규모가 작다면 포지션 규모도 작아져야 한다.

시장이 움직일 때 트레이더들이 감정적으로 대응하는 이유는 무엇일까? 나는 자본 손실 위험과 변동성 때문이라고 생각한다. 트레이딩에 따르는 위험은 자신의 선택이 잘못됐을 때 돈을 잃을 수도 있다는 두려움에 떨게 만든다. 어떤 시기에든 포지션이 상승하거나 하락하며 변한다는 것 또한 신경을 거스르며 걱정을 키우는 요인이다.

쉽게 말해 우리가 포지션의 규모를 정하는 이유는 자신의 기준에 합리적인 수준으로 위험을 제한하고 변동성 탓에 잠 못 드는 밤이 없게 하기 위해서다. 트레이딩에 따르는 위험과 현재 시장의 변동성을 생각해보면 트레이더 자신이 어느 정도 수준에서 편안함을 느끼는지 쉽게 파악할 수 있고, 그에 따라 포지션의 초기 규모를 제한할 수 있을 것이다.

한 가지 짚고 넘어갈 것이 있다. 위험 통제를 위해 포지션 규모와 진입점부터 설정한 다음 손절점을 상향 또는 하향 조정하며 감당할 손실의 규모를 결정하는 잠재 위험의 정도를 설정하려는 트레이더가 많다. 하지만 이는 완전히 거꾸로 된 방법이다!

시장은 여러분이 손실을 5퍼센트 감당할 수 있는지 10퍼센트 감당할 수 있는지 상관하지 않는다. 그저 자신의 흐름대로 움직일 뿐이다. 시장이 매우 조용할 때는 4~5퍼센트 지점에 손절매 주문을 넣어도 무리가 없을 것이다. 그러나 시장이 하루에 2~3퍼센트씩 움직이고 관련 소식으로 뉴스가 도배되는 동안 손절매 주문을 시장 이동과 너무 가깝게 잡으면 너무 일찍 흐름에서 내려 좋은 트레이딩을 놓칠 수도 있다.

'평범한' 수준으로 움직이는 시장을 감당할 만한 여유를 충분히 둔 상태에서 매수/매도 전략을 세우고, 해당 투자 수단의 한 단위를 트레이딩하는 데 어느 정도의 위험과 변동성을 감당해야 하는지 측정하면 시장 환경이 어떻든 적절한 수준의 포지션 규모를 판단할 수 있을 것이다. 포지션 규모는 시장이 미쳐 날뛸수록 자동으로 작아지고, 반대로 시장이 평화롭고 '평범할' 때는 커진다.

초기 포지션 규모를 설정하는 간단한 예시

간단한 예로 10만 달러짜리 포트폴리오에서 XYZ라는 주식을 매수하는 경우를 가정해보자. 시장에서 XYZ의 주가는 평범하게 상승 또는 하락하며 횡보 중이다. 가격 범위의 꼭대기는 10달러, 바닥은 9달러다. 가격이 10달러 이상 오르면 상승세, 9달러 미만으로 내려가면 하락세라고 할 수 있다. 10달러와 9달러 사이는 노이즈 구간으로 보고 이 안에서의 움직임은 무시한다. 상승세를 탔을 때 10.01달러에 이 주식을 매수하고 8.99달러에 손절매 주문을 넣는다. 지난 21일간 실질가격변동폭으로 측정한 변동성은 현재 0.5달러다.

우리는 포트폴리오에서 새로운 포지션의 규모를 결정할 때 자신이 어느 정도 범위에서 편안함을 느끼는지에 따라 여러 제한을 둘 것이다. 포트폴리오의 10퍼센트를 넘는 포지션을 두지 않기로 했고 새로운 포지션에 따르는 위험이 자산의 1퍼센트를 넘지 않아야 한다고 결정했다. 또한 새로운 포지션의 변동성 때문에 하루 동안 전체 자산의 변동률이 0.5퍼센트보다 더 크지 않도록 설정했다. 자, 이제 우리가 포지션 규모를 어떻게 설정했는지 보자.

■ 위험 활용 계산법

: 100,000달러 × 1% = 허용 위험 1,000달러 / (10.01달러 – 8.99달러) = 980.39주

　모든 주식이 온전한 1주가 되도록 반내림하면 **980주**

■ 변동성 활용 계산법

: 100,000달러 × 0.5% = 허용 변동성 500달러 / 0.5달러 = **1,000주**

■ 포트폴리오 비율 활용 계산법

: 100,000달러 × 10% = 포지션이 차지하는 최대 금액 10,000달러 / 1주당 가격 10.01달러 = **999주**

신경 쓰이지 않는 정도의 포지션 규모를 찾는다면 계산된 값에서 가장 작은 주식 수를 택해야 한다. 이 예시에선 위험 활용 계산법을 통해 얻은 값, 즉 XYZ 주식 980주를 매수해야 맞다.

선물 트레이딩 규모 설정 예시

선물 포지션에도 똑같은 과정을 적용할 수 있다. 포트폴리오 규모 또한 동일하게 10만 달러로 설정하자.

3월 동안 MES* 거래는 4,959~4,901포인트 범위 내에서 이루어졌고, 지난 21일간 실질가격변동폭의 변동성은 하루 평균 21포인트였다. 나는 포지션에 따른 위험이 전체 자산의 1퍼센트를 넘지 않게, 또 MES 선물 계약으로 인한 포트폴리오 전체의 일간 변동성이 0.5퍼센트를 넘지 않게끔 하려 한다.

지표에서 MES 선물 계약은 4,900포인트 선을 뚫고 내려갈 조짐을 보이고, 우리는 이 트레이딩에서 60포인트의 위험을 감당하도록 4,960포인트에 손절점을 설정한다. MES 계약 한 건에서 1포인트의 변동은 5달러의 가치가 있다. MES 계약 한 건을 매도하기 위한 마진은 1,600달러다. 자, 이제 이 MES 트레이딩의 규모를 어떻게 계산해야 하는지 살펴보자.

■ 위험 활용 계산법

: 100,000달러 × 1% = 허용 위험 1,000달러 / [(4,960 − 4,900)× 5]

= 1,000달러 / 300달러 = 거래 3.33건

모든 계약이 온전한 계약이 되도록 반내림하면 **3건의 계약**

•   S&P500 마이크로 선물Micro E-mini S&P500 Futures을 지칭.

■ 변동성 활용 계산법

: 100,000달러 × 0.5% = 허용 변동성 5,000달러 / (20포인트 × 5달러) = 500달러 / 100달러 = **5건의 계약**

■ 포트폴리오 비율 활용 계산법

: 100,000달러 × 10% = 포트폴리오에서 최대 10,000달러

MES 거래당 요구 마진 = 1,600달러. 따라서 10,000달러 / 1,600달러 = 계약 6.25건.

이를 반내림하면 **6건의 계약**

여기에서 찾아야 할 것은 내 신경을 가장 덜 거스르는 가장 작은 포지션 수다. 따라서 나는 위험 활용 계산법에 따라 신호가 왔을 때 **세 건의 매도 계약**을 체결할 것이다.

규모 설정은 여기에서 끝이 아니다

이제 본격적으로 트레이딩을 시작했다고 가정하자. 시장 환경은 매일 달라진다. 3주 동안 트레이딩해왔고 시장 움직임이 심상치 않은 상황이라 치자. 여러분이 트레이딩 중인 포지션의 가격은 어떤 뉴스(팬데믹, 전쟁, OPEC 의사결정, 정치 스캔들 등)가 터진 탓에 요동치고 있다. 초기 포지션 규모를 적절히 설정했더라도 아직 끝이 아니다. 시장은 변화하

고 여러분은 시장을 내려다보며 포지션 규모가 적절하게 유지되고 있는지 살펴야 한다.

수십 년간 트레이딩하면서 나는 조용하고 지루했던 시장이 누구도 신경 쓰지 않는 상황에서 움직이기 시작하는 모습을 자주 봐왔다. 이 추세가 지속되면 시장은 트레이더들이 계속 유입됨에 따라 흥미로워지기 시작한다. 저녁 뉴스나 경제 신문, 블로그는 시장에 관해 이야기할 텐데, 이렇게 되면 위험과 함께 변동성이 커진다. 여러분은 추세가 무르익길 기다렸고, 수익이 발생했다. 그렇다면 진행 중인 트레이딩의 노출 정도는 어떻게 합리적으로 유지해야 할까?

진행 중인 주식 트레이딩 규모 계산

XYZ 주식 예시를 계속 활용해보자. 우리의 가상 포트폴리오는 12만 달러까지 몸집이 불었다. XYZ 주식은 평범한 수준으로 움직이며 상승세를 탔다. 주가는 현재 15달러이고 매수/매도 엔진에 따라 손절점을 10.75로 상향조정했다. 처음 주식을 샀을 때보다 많은 4.25달러의 위험을 감당하게 된 것이다. 실질가격변동폭으로 측정한 변동성은 지난 21일 동안 1.25달러로 상승했다.

기존 포지션에 대해서는 위험과 변동성을 더 많이 수용해야 한다. 포지션에서 수익을 내고 있고 위험을 좀 더 부담하게끔 하면 우리에게 유리한 추세를 계속 활용할 수 있으므로 포트폴리오 내에서 약간의 위험을 더 감수하도록 한다. 상승 중인 기존 포지션에서 위험을 2.5퍼센트까지 감당하기로 했다고 치자. 하지만 여전히 이 주식이 포트폴리오 자산의 10퍼센트 이상을 차지하진 않도록 유지하고, 또 새로운 포지션의 변동성 탓에 전체 자산이 하루 동안 0.7퍼센트 이상으로 움직이게 하진 않으려 한다. 기존 포지션의 규모를 계산하는 방법은 다음과 같다.

■ 위험 활용 계산법

: 120,000달러 × 2.5% = 허용 위험 3,000달러 / (위험 부담 4.25달러) = 705.88주

모든 주가 온전하도록 내림하면 **705주**

■ 변동성 활용 계산법

: 120,000달러 × 0.7% = 허용 변동성 840달러 / 1.25달러 = **672주**

■ 포트폴리오 비율 활용 계산법

: 120,000달러 × 10% = 포지션 최대 12,000달러 / 주가 15.00달러 = **800주**

앞서 그랬듯 여기에서도 가장 보수적인 숫자를 적용하는 철학에 따라, XYZ 주식 포지션은 변동성 활용 계산법으로 구한 값인 **672주**로 제한할 것이다. 즉, 980-672=308주를 시장가로 매도한다는 뜻이다.

진행 중인 선물 규모 계산

진행 중인 트레이딩의 규모 관리 방법은 주식 포지션 규모에서 다

뤘던 것과 비슷하다. 마찬가지로 포트폴리오 규모가 12만 달러로 증가했다고 치자. MES의 3월 거래가가 하락해 수익을 얻을 수 있게 되었다. 지수가 4,750포인트까지 떨어졌고 위험을 125포인트로 설정해 손절점은 4,875에 됐다. 지난 21일간 실질가격변동폭의 변동성 평균은 현재 일간 100포인트로 우리가 처음 매도한 시점의 두 배가 되었다. 포지션의 위험이 자산의 2.5퍼센트 이상이 되지 않도록, 또 MES 선물 거래 탓에 포트폴리오 규모가 하루에 0.7퍼센트 이상 움직이진 않게 하려 한다.

마진율은 여러분이 선택한 선물거래소나 증권사에 의해 언제든 바뀔 수 있고, MES 시장의 변동성이 커지는 바람에 요구 마진이 늘어 계약당 2,000달러가 되었다고 해보자. 이 MES 트레이딩을 예시로 진행 중인 선물 거래의 규모를 설정하는 방법은 다음과 같다.

■ 위험 활용 계산법
: 120,000달러 × 2.5% = 허용 위험 3,000달러 / (위험 부담 125포인트 × 5달러) = 3,000달러 / 625달러 = **4.8건의 계약**
모든 계약이 온전한 계약이 되도록 내림하면 **4건의 계약**

■ 변동성 활용 계산법
: 120,000달러 × 0.7% = 허용 변동성 840달러 / [100포인트(실질가격변동폭) × 5달러] = 840달러 / 500달러 = **1.68건의 계약**
이를 내림하면 **1건의 계약**

■ 포트폴리오 비율 활용 계산법

: 120,000달러 × 10% = 포지션 최대 12,000달러

 MES 거래 1건당 마진 = 2,000달러

 따라서 12,000달러 / 2,000달러 = **6건의 계약**

여기에서도 보수적 접근 방식을 고수해 가장 작은 값을 택하면 변동성 활용 계산법으로 산출한 한 건의 계약만 남겨야 한다. 세 개 포지션으로 시작했으니 두 건의 거래를 시장가에 청산하고 진행 중인 이익 트레이딩을 마음 편히 유지하면 된다.

전체 포트폴리오 위험과 변동성 관리하기

주식과 선물 포지션의 규모 관리 방법을 이해했으니 이젠 전체 포트폴리오의 위험과 변동성을 관리하는 단계로 넘어가보자. 가령 포트폴리오에 일일 평균 변동성이 0.5퍼센트인 주식 열 개가 있다면 평범한 하루 동안 포트폴리오가 출렁이는 정도는 0.5퍼센트에 10을 곱한 5퍼센트다. 어떤 트레이더들에게는 받아들이기 힘든 정도일 수도 있는데, 포트폴리오의 전체 위험과 변동성을 관리하면 트레이딩 과정을 좀 더 편안하게 즐길 수 있다.

감수 가능한 포트폴리오 변동의 정도는 5퍼센트, 그리고 전체 포트폴리오에 내재된 위험이 14퍼센트를 넘지 않도록 유지하길 원한다고

가정해보자. 이럴 경우엔 포지션을 모두 합해서 여러분이 미리 정해놓은 기준보다 위험과 변동성이 큰지를 확인하면 된다. 만약 그렇다면 마음 편할 때까지 각 포지션을 적당히 '벗겨내면' 된다.

통계에 정통한 똑똑한 독자가 있다면 아마 지금쯤 이런 질문을 던질 것이다. "다 좋은데요, 포지션들끼리 상관관계는 어떻게 처리합니까? 위험이나 변동성을 더하기만 해서는 안 될 텐데요. 같은 날 어떤 주식은 오르고 어떤 주식은 떨어져서 서로 손익을 상쇄하지 않습니까?" 내가 아는 한, 단순하고 보수적인 방침을 유지하는 것은 복잡한 계산을 하는 편보다 효과적이다. 상관관계를 계산에 넣으면 포지션을 더 큰 규모로 여러 개 유지할 수 있을지도 모른다. 하지만 상관관계는 끊임없이 변화하기 때문에 기껏 복잡한 계산을 마쳐도 결과가 정확히 들어맞지 않을 수 있다.

게다가 포트폴리오 안에 있는 다양한 포지션의 상관관계를 몇십 년동안 주시하다 보면 전 세계에 위기가 닥치거나 혼란스러운 약세장, 또는 다른 소식들 때문에 모든 상품의 상관계수가 거의 1.00에 가깝도록 높아지는 경우도 보게 되곤 한다. 그렇다면 차라리 모든 포지션이 100퍼센트의 상관관계를 가진다고 단순하게 가정해서 전천후 트레이더의 삶을 보다 쉽게 만드는 편이 낫지 않을까?

만약 수용 가능한 수준으로 포트폴리오 전체의 위험 또는 변동성을 낮추기 위해 2퍼센트를 '벗겨내야' 한다면 어떻게 해야 할까? 나라면 간단히 모든 포지션의 기존 규모에 2퍼센트를 곱해 온전한 1주의 주식 또는 1건의 거래가 되게끔 결괏값의 소수점을 버리고 당장 시장가로 현금화할 것이다. 이렇게 하면 포트폴리오의 전체 위험과 변동성이 낮아지고 자산 곡선도 매끄러워질 테니 말이다. 게다가 내가 현역 자산관리사였던 시절에 연구한 결과에 따르면, 이 개념을 적용할 경우엔 위험 대비 수익률도 개선할 수 있다. 여러분의 포트폴리오를 노리는 다음 낙폭의 규모를 줄일 수 있기 때문이다.

다양한 규모의 포지션을 더했을 때의 이점 요약

포지션 규모 측정 단계를 거칠 때마다 포트폴리오에 더 이득이 된다는 것을 간단한 추세추종 전략 하나만 활용해 증명할 수 있으면 트레이더들에게 도움이 될 것이다. 다음 페이지의 표는 기본적 추세추종 지표를 활용하는 스물여섯 개 선물 포트폴리오를 시뮬레이션한 결과로 각 시뮬레이션의 주요 통계를 보여준다. 이 표에서 지표와 포트폴리오는 고정 항목이고, 변하는 항목은 포지션 규모를 '관리'하는 포지션 사이징 알고리즘뿐이다. 포트폴리오 포지션의 규모를 정하는 과정을 추가할수록 전천후 포트폴리오의 이점을 누릴 거란 사실은 다음과 같이 확인할 수 있다.

포지션 규모 계산 매개변수가 하나 추가될 때마다 변화하는 결괏값을 통해 통계가 개선되고 있다는 사실을 논리적으로 확인할 수 있다. 자본 대비 위험을 0.5퍼센트로 제한해 시뮬레이션한 결과를 보자. 보다시피 트레이딩 과정이 쉽지 않을 듯하다. 트레이더 대부분은 이런 고통

● 포지션 규모 설정 시에 각 매개변수를 연속적으로 추가했을 경우 증가하는 이익

매개변수	매개 변수값	평균복합 성장률 (ACGR%)	소티노 지수	최대 낙폭	최대 낙폭 대비 수익률
자본 초기 위험률	0.5	+15.087	0.876	−87.142	0.173
자본 진행 중 위험률	1.0	+13.797	0.844	−63.864	0.216
자본 초기 변동률	0.2	+11.223	1.409	−19.507	0.575
자본 진행 중 변동률	0.5	+11.377	1.426	−19.255	0.591
포트폴리오 총위험률	15.0	+11.343	1.436	−19.266	0.589
포트폴리오 총변동률	7.0	+11.343	1.436	−19.266	0.589

을 견디기 힘들어한다. 진행 중 위험률을 추가적으로 제한해 1.0퍼센트로 설정하면 수익이 약간 떨어지지만 위험 대비 수익률과 낙폭률은 개선할 수 있다. 초기 포지션에서 변동성을 관리하기 시작하면 수익률은 조금 더 떨어지지만 소티노 지수가 두 배 이상 늘고 낙폭은 현저히 줄일 수 있으며 최대 낙폭 대비 수익률도 원래보다 3.3배 늘릴 수 있다. 진행 중 변동률을 0.4퍼센트로 놓고 관리하면 수익성도 약간 나아지게 할 수 있을 뿐 아니라 다른 통계 전반이 훨씬 개선된다. 마지막으로 포트폴리오 수준에서 위험과 변동성을 관리하면 수익성, 최대 낙폭, 그리고 최대 낙폭 대비 수익성은 유지된다. 한편 소티노 지수는 계속 나아져 마지막 사례에서 가장 나은 통계를 보인다. 이 단계에서 얼마나 정교하게 포지션을 관리하든 수익률은 감소하는 지점에 이른다.

시뮬레이션에서 이루어진 트레이딩 수천 건을 통해, 나는 포지션 규모를 관리할 경우 전략의 성과가 개선된다는 사실을 확인할 수 있었다. 시뮬레이션들에는 내가 이 책을 쓰는 시점에 실제로 사용하고 있는 기본적인 선물 전략이 적용되었다. 나는 내 은퇴 계좌 포트폴리오에서 더 나은 수익률을 얻고 낙폭 수준도 감당 가능할 정도로 유지함으로써 위험 대비 수익률을 적절히 맞추려 노력 중이다. 포지션의 규모를 관리하면 이러한 목표를 달성하는 데 도움이 된다. 포지션 규모 설정은 하나의 전략이다. 여러 시장, 전략, 기간에 걸쳐 활용하면 얼마나 도움이 될지 생각해보자. 그리고 여러분의 포트폴리오에 어떻게 적용할 수 있을지 고민해보자. 내 경우에는 이 전략이 트레이딩하는 동안 마음의 평화를 유지하는 데 도움이 되었다.

자신만의 전천후 포지션 규모 관리법

이제껏 나는 쉬운 계산을 위해 모든 예시에서 같은 숫자들을 사용했다. 하지만 위험과 변동성의 수용 가능성 정도는 트레이더마다 다르니 자신의 상황에 맞게 포지션 규모를 관리해야 한다. 이제 막 트레이딩을 시작한 사람이라면 자신이 어느 정도의 스트레스를 감당할 수 있는지 파악하지 못했을 테니 우선은 숫자를 낮게 유지하다가 천천히 올려보자. 무턱대고 높은 숫자부터 시작했다가 차츰 낮추는 방식은 재앙을 불러일으킬 수 있으니 하지 말자.

새로운 포지션에 따르는 위험을 1퍼센트쯤 참을 수 있을 거라 여겨진다면 0.5퍼센트 또는 0.6퍼센트에서 시작해 상태를 지켜보다가 아무래도 너무 지루하다 싶을 때 기준을 올리자. 되도록 낮은 숫자를 고수하는 게 마음 편하다. 훗날 시장 위험과 변동성이 기록적으로 높은 수준에 이르면 자신의 상황 및 배포에 맞는 포지션 규모 관리 전략이 있어서 다행이라 생각하게 될 것이다. 포지션 규모 관리 전략을 잘못 세운 탓에 좌절하거나 불안에 휩싸여 포트폴리오 관리를 때려치우지 않고 계속 트레이딩할 수 있을 테니 말이다.

11장

트레이딩의
심리적 측면

트레이딩을 할 때는 왜 심리적 측면을 염두에 두어야 할까?

반 K. 타프 박사는 늘 "트레이더가 트레이딩하는 것은 시장이 아니라 자신의 믿음이다"라고 말했는데, 나는 이 말에 완전히 동의한다. 이 책에서 설명된 내용들을 통해 여러분은 내가 무엇을 믿는지 알 수 있었을 것이다. 내 믿음을 요약하면 다음과 같다.

1. 성공하는 트레이더는 합리적 결단을 내리도록 도와주는 매수/매도 엔진을 갖고 있다.
2. 성공하는 트레이더는 합리적 접근 방식으로 포지션의 규모를 체

계적으로 관리, 포트폴리오가 잘못될 가능성을 줄인다.

3. 성공하는 트레이더는 자산 곡선에서 낙폭이라는 '구덩이'를 메워 스트레스를 줄이는 전략을 갖고 있다.

4. 시장은 시간이 흐르며 상승, 하락, 횡보한다.

5. 어차피 시간이 지나면서 자신의 포트폴리오에 적용하기 힘든 유행하는 전략을 따라 하기보다는 자신의 상황에 잘 맞는 전략 또는 전략들의 조합을 만드는 편이 백배 낫다.

6. 트레이딩에서 완벽함이란 존재하지 않는다.

7. 시장은 자신의 흐름대로 흘러갈 뿐이다.

나는 타프 박사가 그의 '피크 퍼포먼스peak performance' 세미나에서 청중들에게 매수/매도, 포지션의 규모 관리, 트레이딩 감각 중 어떤 것이 가장 중요하다고 생각하는지 물었던 때가 아직도 기억난다. 매수/매도를 시작할 수 없으면 트레이딩도 존재하지 않는다고 생각하는 이들이 있는가 하면, "맞는 말입니다만 포지션 규모가 적절하지 않으면 트레이딩으로 손해를 보고 빈털터리로 시장에서 쫓겨날 수 있지요"라고 하는 이도 있었다. 둘 다 일리 있는 주장이지만 트레이딩에서 가장 중요한 것은 뭐니 뭐니 해도 심리적 측면이다. 마음을 다스릴 수 없으면 좋은 성과를 거둘 수 없기 때문이다.

엔지니어였던 경력과 전산화 능력으로 명성을 얻은 나는 이 시점에서 다음과 같은 항의를 듣곤 한다. "하지만 당신은 컴퓨터를 기반으로 해서 체계적으로 트레이딩하는 트레이더가 아닙니까? 트레이딩에서 당신의 심리는 하루 종일 모니터를 뚫어져라 지켜보는 트레이더들의 심리만큼 중요하지 않을 것 같은데요." 물론 사실이 아니다. 그런 컴퓨터 프로그램에서 실행 버튼을 누르는 사람은 바로 나다. 내가 원하지 않으면 오늘은 실행 버튼을 누르지 않을 수 있다. 경고를 하도록 프로그램을 설정해놓아도 경고 신호를 무시할 수 있다. 새로운 트레이딩 수단에 끌릴 수 있고, 프로그램이 권장한 것보다 두 배 더 매수할 수도 있다. 혹하는 기사를 읽고 '기회를 잡겠다'며 한 번도 트레이딩해보지 않은 포지션을 개시할 수도 있다. 트레이딩 과정에 끼어들 방법은 무한히 많다. 나 또한 인간이기에 감정 탓에 실수를 쉬이 저지를 수 있고, 그래서 트레이딩의 심리적 측면을 정비하는 시간이 필요하다.

이번 장에선 훌륭한 **트레이딩 심리**trading psyche의 기반을 다지는 데 초점을 맞추려 한다. 나는 성공적인 전천후 트레이더의 자질을 갖추는 데 영향을 미치는 정신적 작용 전체를 통틀어 지칭하는 데 이 용어를 쓰려 한다. 다음 소제목에 따른 내용들은 트레이딩 심리라 부르는 개념을 이루는 조각들로 볼 수 있는데, 이 모두는 성공적인 트레이딩 과정에서 중요한 역할을 한다.

자존감

견고한 트레이딩 기반을 마련하기 위한 심리 탐구 여정은 자존감에서 시작한다. 자존감이란 자신의 자질과 성격을 어떻게 평가하고 느끼느냐를 말한다.

다른 모든 도전에서와 마찬가지로 트레이딩에서도 높은 자존감이 필요하다. 우리가 트레이딩하는 시장은 교활한 방법으로 우리의 정신을 무너뜨려 자신을 의심하게 만든다. 그러므로 자신의 자질과 성격을 긍정적으로 평가하면 시장이 여러분에게 던지는 부정적인 영향에 대처하는 데 도움이 된다.

반대의 경우를 생각해보자. 여러분은 이제 막 트레이딩을 시작했다. 하루 만에 손절매 주문이 체결되어 포지션을 잃었고, 손실이 발생한다. 여러분의 결정은 이번에도 틀렸다. 충동적으로 행동하느라 전략을 충실히 따르지 못해 연달아 세 번이나 트레이딩을 망쳐버렸다. 그러지 않아도 자신의 판단을 신뢰하기 힘들다고 여겼는데, 이번 트레이딩과 과거의 숱한 실패로 여러분은 트레이딩에 소질이 없음이 증명되었다.

젠장. 이런 문장들을 쓰다 보니 나까지 우울해지려 한다.

이렇게 스트레스를 유발하는 잠재 요인들을 해소하는 좋은 방법은, 우선 여러분 자신이 다른 이들에겐 없는 자질과 성격을 갖추고 있다는 사실을 깨닫기 위해 무엇이든 하는 것이다. 여러분에게 특별한 기술이 있다고 여기자. 이 세상에서 배우자로서, 부모로서, 자식으로서, 친구로서, 동료로서, 그리고 사회의 일원으로서 여러분만이 갖는 자리는 분명히 있다. 또한 여러분만이 가진 가치도 있다. 여러분 스스로를 단지 트레이더로만 정의하지 말자. 여러분이 사는 세상에서 중요한 인물이라 정의하고, 자신을 높이 평가하며 그렇게 믿자. 그게 사실이다! 누구도 자신의 가치를 폄하해선 안 되지만 그런 사람은 여전히 있다. 만약 여러분이 그런 사람이라면 트레이더로서의 여정을 시작하기 전에 자기 자신의 가치부터 제대로 평가하기 바란다. 이는 트레이딩에서뿐 아니라 여러분의 건강과 삶의 질에도 피가 되고 살이 될 것이다.

책임감

정신적 측면에서 다음으로 살펴볼 항목은 책임감이다. 어린 시절 나는 내 주변 세상이 흥미로운 가능성으로 가득 찬 멋진 공간이라고 생각했다. 학교에서는 정해져 있는 일정에 따랐고, 학교 밖에서는 신문배달을 하고 책을 읽고 공부를 하며 하루를 보냈다. 어릴 때 우리 모두는 부모님과 선생님의 통제에 따라 세상을 살기 마련이고, 따라서 자신이 책임져야 하는 일은 거의 생기지 않는다.

나이가 들수록 우리는 주변을 책임질 수만 있으면 바꿀 수 있는 것들이 존재한다는 사실을 깨닫는다. 하지만 그 책임을 지는 데 실패하는 이도 많다. 특히 나쁜 일이 생길 경우에는 누군가 또는 무언가를 비난하는 게 더 쉽다. 어쩌다 운이 좋아 아무것도 한 게 없음에도 좋은 결과를 얻을 경우 모든 것을 자기 공功으로 돌리는 것과 대조적이다. 사람들은 "나는 잘못이 없어"라며 절규하곤 한다. 피해자가 되면 마음이 편하기 때문이다. 트레이딩에서 이런 절규는 "손절 주문이 체결된 건 저 사람들 탓"이라거나 "거래를 망친 건 나를 방해한 배우자 탓", 혹은 "기업은 뉴스로 주가를 조작하고 있고 내부자들은 주식을 모두 팔아치웠을 것"이라는 변명으로 나타나곤 한다.

책임감은 여러분 주변에서 일어나는 일들을 관리하는 능력과 관련이 있다. 방해 요인이 있어 집중이 흐트러진다면 여러분은 그런 요인이 없는 사무실 환경을 책임지고 조성해야 한다. 주가가 반등하기 전에 손절 주문이 너무 자주 체결될 경우 노이즈 구간을 파악하고 시장이 그 안에서 움직일 여유가 있는지 판단하는 것도 여러분 몫이다. 뉴스 때문에 자꾸 엉뚱한 트레이딩 결정을 내리게 된다면 뉴스를 차단해야 한다.

자신을 책임지지 못하면 무엇에서도 성공하기 힘들다. 세상은 계속 돌면서 뜻밖의 사건들로 여러분의 뒤통수를 치고 또 친다. 여러분의 삶은 폭풍우 치는 바다 위에 뜬 나룻배처럼 파도에 휩쓸려 오르락내리락 하다 결국은 뒤집히고 말 것이다. 책임감을 가진 사람은 자기 주변의 세상을 평가하고 상황을 더 낫게 만들거나 자신의 목표를 이룰 수 있도록 행동한다. 컴퓨터 프로그래밍을 할 줄 모르는데 트레이딩 과정을 자동화하고 싶다면 코딩을 배워 자동화 프로그램을 구축하면 된다. 혹은 컴퓨터공학 전공자를 고용해 효과적이고 효율적인 프로그램을 함께 만드는 방법도 있다.

손절점을 설정했는데 주문이 체결되지 않았다면 그것은 시장 탓일까, 아니면 손절매를 집행하지 못한 여러분 탓일까? 프로그래머를 고용해 트레이딩 플랫폼을 제작하고 지표 몇 가지를 활용해 시뮬레이션한 결과 엄청난 수익을 얻을 수 있다는 결과를 얻었는데 막상 실제로 트레이딩을 해보니 결과가 처참했다면 그건 프로그래머의 잘못일까, 아니면 시뮬레이션 결과를 재차 검증해 프로그램 로직이 자신의 필요에 맞게 구성되어 있는지 확인하지 못한 여러분의 잘못일까?

트레이딩을 시작하고 시장이 여러분의 기대와 반대로 움직인다 하더라도 시장 탓을 하진 말자. 시장은 변덕을 부린다. 우리는 트레이더로서 시장을 관찰하고 그에 맞게 대응하면 된다. 시장은 우리가 트레이딩을 하든 말든 상관하지 않고, 그저 자신의 흐름대로 흘러갈 뿐이다. 가격이 어떻게 움직이든 그에 대해 논리적 방식으로 대응하는 것은 우리의 몫이다.

다음번에 다른 무언가를 비난하고 싶거든 자신에게 이렇게 물어보자. '내가 어떻게 해야 했을까? 더 긍정적인 결과를 얻으려면 앞으로 무엇을 할 수 있을까?' 자신에게 이런 질문을 할 권한을 부여한다면 여러분은 놀랄 만한 성과를 얻을 수 있을 것이다.

자아인식

트레이딩 심리의 한 요소인 이 항목을 시작하며 내가 나 자신을 어떻게 인식하게 되었는지 이야기하고 싶다. 나는 자아인식을 높이려는 사람들에게 도움을 주고자 이제껏 이 이야기를 여러 차례 한 바 있다.

고등학교 영어 수업 시간에 교실 앞쪽에 나가 숙제로 읽은 책에 관해 발표해야 했던 적이 있다. 나는 손을 덜덜 떨며 앞으로 가서 어찌저찌 발표를 마쳤다. 그리고 그날 밤에 수업에서 했던 발표를 머릿속으로 다시 돌려봤다. 손을 덜덜 떠는 나를 응시하는 친구들이 보였고, 발표를 위해 교실 앞으로 나가는 동안 느꼈던 두려움이 생생히 떠올랐다. 그러고선 그 일이 말이 안 된다는 생각이 들었다. 친구들 앞에서 아주 간단한 발표를 하는 내 모습은 우스꽝스럽기 짝이 없었다. 그 발표가 하루 중 가장 중요한 일이었다고 생각하니 화가 났다.

그날 스스로의 모습을 돌아본 후 나는 매일 밤 사람들과의 소통이나 그날 있었던 일을 점검하게 되었다. 머릿속에 그날 있었던 일이 떠오르면 억누르려 하지 않았다. 나는 그 순간 떠오르는 것이 그날 일어났던 가장 중요한 사건이라고 생각했다. 그리고 나 자신에게 물었다. '그 상황에 그렇게 행동하거나 반응했어야 했을까? 나는 그 상황에 만족했나? 다르게 행동할 수도 있었을까?'

'있었던 일 재생하기' 과정을 통해 나는 자신에 대해 좀 더 고민하며 상황에 대처하는 방식을 고치게 되었다. 하지만 내 자아를 완전히 인식하게 된 것은 한참이 지난 후였다.

농구 챔피언십 팀에서 센터로 활약할 때의 이야기다. 내가 주로 방어하는 자리에선 우리 팀원들과 상대 팀원들 대부분이 보였다. 그래서 나는 뒤통수에 눈이 달려 있지 않은 우리 팀원들을 위해 그들의 뒤에서 무슨 일이 벌어지고 있는지 소리쳐서 알려주곤 했다. 그렇게 하면 팀원들은 맞서고 있는 상대에 눈을 떼지 않은 채 집중할 수 있었다. 우리 팀은 방어력이 좋았다. 다른 팀들은 자신들이 득점할 기회를 차단해버리는 우리 팀과 경기하고 싶어 하지 않았다.

나는 농구 경기를 하는 동안 내 뒤에 누가 있는지 경계하는 방식을 통해 나 자신을 바로 볼 수 있게 되었다. 나는 팀원들에게 그들 뒤에 누가 있는지 알려주었지만 내 뒤에 누가 있는지를 내게 알려줄 수 있는 사람은 없었다. 나는 내 시야에 없는 사람이 누군지 알고 있어야 했다. 그 사람이 시야 밖으로 사라지면 아직 내 뒤에 있다는 뜻이었다. 공이 내 쪽으로 올 것 같으면 시야에서 사라진 선수가 어디에 있는지 눈으로 확인하지 않아도 움직일 수 있도록 준비를 해두었다. 나는 머릿속으로 내가 어떤 다른 일(우리 팀원에게 방어를 지시하는 등)을 하고 있는 동안 어떤 일(내 뒤에 선수가 있다)이 벌어지고 있는지 파악하는 훈련을 할 수 있었다.

나를 인식하는 경험은 대학 졸업 후 화학공학자로 일할 때 들었던 스피치 수업에서도 할 수 있었다. 나는 고등학교 때의 쓰라린 발표 경험을 떠올리며 스피치 수업에 망설임 없이 등록했다. 그 수업을 담당했던 강사는 실력이 탁월했다. 강사는 우리더러 5분 또는 10분짜리 이야깃거리를 작은 카드에 서너 단어로 요약해 적으라고 했다. 발표할 때 대본은 필요하지 않았다. 우리는 첫 번째 키워드를 들고 다른 학생들 앞에서 섰다. 발표는 일상적 대화처럼 진행되었다.

나는 거울 앞에서 내 이야기를 전달하는 연습을 했다. 이야기를 전달하는 동안 말을 하고 있는 내 모습을 보려 했고, 그러면 머릿속에서는 두 가지 일이 동시에 벌어졌다. 뇌의 한쪽은 말을 하고 있었고 다른 쪽은 내 모습을 지켜봤던 것이다. 나는 내가 미소를 짓는지 찌푸리는지 긴장했는지 말을 더듬는지 알 수 있었다. 그렇게 연습한 결과 나는 나 자신을 더 잘 아는 상태에서 발표할 수 있게 되었다.

수업에서 녹화한 동영상을 통해 나에 대한 피드백을 얻기도 했다.

강사는 발표하는 학생들의 동영상을 찍었다가 나중에 돌려보며 더 나은 발표를 할 수 있게 해줬을 방법들을 제시해주었다. 학생들 모두는 말하기를 잘하고 싶다는 목표하에 한 배를 탄 사이였고 그 활동을 즐겼다. 웃고 떠들면서 우리는 다른 사람들 앞에서 말하는 방법이 꾸준히 개선되었다.

자산관리업계에 뛰어든 지 얼마 지나지 않았을 때, 나는 내게 무슨 일이 일어나는지 실시간으로 인지하고 있어야 고객 자산의 운명이 달린 업무에서 비롯되는 스트레스를 견디고 경솔한 행동을 하지 않을 거란 사실을 깨닫게 되었다. 그리고 단순히 사람들 앞에서 말할 때뿐 아니라 인생에서 일어나는 모든 일을 지켜보는 '관찰자 자아'를 마음속에 두어야 한다고 생각했다. 실제로 나는 컴퓨터 화면에 '자아인식'이라는 단어가 적힌 스티커 메모를 붙이기도 했다.

그 메모를 볼 때마다 나는 하던 일을 잠시 멈추고 내게 물었다. '나는 현재 이 상황을 인지하고 있나?' 그렇다는 답이 나오면 잘하고 있는 거라 여겼고, 그렇지 않다는 답이 나오면 이유를 생각했다. 나는 점점 내 행동을 더 잘 이해하게 되었다. 그렇게 나는 매일 밤 그날 하루를 머릿속으로 곱씹던 고등학생에서 발전해나갔고, 삶에서 일어나는 일들을 실시간으로 돌아보고 내 행동을 수정하는 능력을 갖추게 되었다. 나의 '관찰자 자아'가 조금씩 나의 마음속에 스며든 덕에 이젠 내게 무슨 일이 일어나든 놓치지 않을 수 있게 되었다.

이 이야기가 트레이딩과 무슨 상관이 있을까? 누군가로부터 특급 정보를 받았는데 자신이 과욕을 부리고 있다는 사실을 인지하지 못한다면 여러분은 원래의 트레이딩 전략을 버리게 될 것이다. 포지션이 손실점에 가까워질 정도로 급격히 추락해 스트레스를 받을 때, 자신이 공포에 떨며 긴장하고 있다는 사실을 인식한다면 여러분은 시장이 예측 불가능할 때를 대비해 자신이 손실점을 설정해두었다는 점을 스스로 일깨워 부정적 마음을 제쳐둘 수 있을 것이다.

자기 자신을 인식하지 못하면 수많은 가능성이 사라진다. 여러분도 거울이나 카메라 앞에서 연기를 해보면 도움을 받을 수 있을 것이다. 무엇을 하든 자신을 객관적으로 지켜볼 수 있다면 삶과 트레이딩에 유용한 능력 하나를 얻는 것이나 마찬가지다.

규칙

트레이더들은 언제나 자신의 트레이딩 규칙에 관해 이야기한다. 이들은 트레이딩 전략을 내팽개치고는 규칙을 어겼다며 자책한다. 좋은 수익을 거두고 포지션을 청산하고도 상승세가 이어지는 모습을 보면 '더 큰 수익을 내게끔 포지션을 유지하는 규칙이 있었더라면 좋았을걸' 하며 아쉬워한다.

이런 일은 트레이딩이 아닌 삶의 다른 영역에서도 일어난다. 다이어트 중인 사람은 눈앞에 놓인 맛있는 초콜릿케이크를 먹어치우고 이튿날이 되면 후회한다. 운동을 건너뛰어놓고는 다음 며칠 동안 몸이 왜 무거운지 의아해하기도 한다. 매일 일찍 자던 습관을 깨고 뉴스 속보를 읽다 늦게 잠자리에 들어놓고는 밤새 뒤척이며 괴로워한다.

이제까지 우리는 자존감과 책임감 그리고 자아인식에 관해 이야기 했는데 규칙은 이 세 항목 모두와 관련이 있다. 규칙이 없으면 계획에 없던 일을 벌일 수 있다. 자존감이 높고 자신을 잘 알며 책임감까지 갖춘 사람이라면 계획이 틀어지더라도 규칙에 따라 자신을 통제하고 행동을 고칠 수 있다는 사실을 깨달을 것이다. 그런 다음 자신을 칭찬할 때마다 살아가면서 규칙에 맞는 결정을 보다 수월히 따를 수 있도록 마음을 단련하는 노력에 힘을 더하게 된다.

마음의 균형 찾기

트레이딩의 심리적 측면에서 마지막으로 살펴볼 항목은 자신의 마음이 어떤 상태인지 이해하고 수정하며 균형을 찾는 것이다. 트레이더 대부분, 특히 자신에게 무슨 일이 일어나는지 인식하지 못하는 트레이더들은 매일의 마음 상태가 아주 달라질 수 있다는 사실을 깨닫지 못한다. 또한 마음 상태가 트레이딩에 도움이 될 수도, 해가 될 수도 있다는 사실도 모른다. 그러니 마음 상태를 좀 더 유용히 바꿀 수 있다는 것조차 이해할 수 없다.

마음 상태가 무엇이고 트레이딩에 어떻게 영향을 미치는지 살펴보자. 사랑하는 사람이 죽었다는 소식을 들은 트레이더를 첫 번째 예시로 들어보겠다. 이 사람은 현재 깊은 슬픔에 잠겨 도무지 일이 손에 잡히지 않는 상태다. 슬픔에 잠긴 트레이더는 손실을 견디며 계속 트레이딩하는 데 필요한 낙관적 마음가짐을 갖출 수 없다. 그의 마음 상태로는 아마 이런 말을 뱉게 될 것이다. "때려치우자. 오늘은 이만하면 됐어."

또 다른 트레이더 하나는 신규 투자 자금으로 활용할 수 있는 엄청난 유산을 상속받게 되었다는 소식을 들었다. 그는 기분이 좋아 한껏 들떠 있고, 그의 포트폴리오는 최근 계속 상승세에 올라타 괜찮은 수익을 기록하는 중이다. 이런 상태라면 그는 평소의 신중한 상태일 때보다 쉽게 위험을 받아들일 것이다. 위험과 변동성을 측정해 얻은 신호를 무시하고 값을 무조건 '올림'해 매수하는 것이다. 트레이딩에서 발생할 수 있는 유동성 문제나 시장이 한동안 과매수 상태였다는 사실을 쉽게 간과할 수도 있다. 이런 경우 그가 신중하게 행동할 수 있는 방법은 잘 짜둔 계획을 고수하는 것이다.

이 두 사례에서 한 사람의 정신 상태는 부정적인 쪽에, 다른 사람은 긍정적인 쪽에 치우쳐 균형이 깨져 있다. 이렇게 극단적인 상태에서 트레이더들은 반대의 마음 상태를 가정하고 고려해야 할 것들을 놓치고 만다. 앞서 이야기했듯 자기 자신을 관찰할 수 있는 사람이라면 자신이 현재 트레이딩에 해가 될 수 있는 극단적 감정에 휩싸여 있다는 사실을 알 수 있을 것이다.

여러분이 울적하든 들떠 있든 분노했든 수치심을 느끼든 자신의 기분을 인지하고 있다고 치자. 그런 마음 상태를 균형 잡힌 상태로 만들려면 무엇을 할 수 있을까? 자신이 어떤 상태인지 알았다면 보다 도움이 되는 쪽으로 바꿀 줄도 알아야 한다.

나는 '트레이딩을 다룬 영화' 또는 '삶을 다룬 영화'를 보는 것을 좋아한다. 여러분이 지금 자신의 삶을 다룬 영화 속에 있다고 생각해보자. 모든 장면에 여러분이 등장한다. 방을 둘러보면 가족들과 반려동물, 어쩌면 TV가 보이고, 창 너머의 나뭇가지는 바람에 살랑거리고 있다. 구체적으로 어느 한곳에 집중하려 하지 말자. 영화를 볼 때 우리는 즐거워하거나 스릴 또는 공포를 느끼거나 영화가 관중에게 전달하려는 감정을 느낀다. 하지만 그와 동시에 우리가 영화를 보고 있다는 사실도 인지한다. 우리가 보는 것이 실제 상황은 아님을 알고 있는 것이다. 그리고 영화를 보는 동안엔 얼마든지 이 사실을 되새기며 마음을 균형 잡힌 상태로 유지한다.

일상에서도 이렇게 할 수 있다. 주변 상황에서 자신을 분리하는 연습을 하면 된다. 삶을 다룬 영화를 보고 있다고 생각하자. '이런, 손해를 봤네?' 충분히 있을 수 있는 일이다. '저것 좀 봐. XYZ 주식에 롱포지션이 하나 더 추가됐네.' 포지션을 잘 관리하면 된다. 감정도, 스트레스도, 부담감도 없이 말이다. 여러분은 영화를 보는 중이고 영화의 모든 장면에 등장해 역할을 완벽하게 수행할 뿐이다.

반전을 넣어 여러분을 놀라게 하는 영화들처럼 삶에도 예기치 않은 사건들이 생긴다. 이때 여러분은 충격에 빠질 수 있고 균형이 잘 잡혀 있던 마음 상태가 흐트러질 수도 있다. 이제부터 이 충격을 여러분이 주인공인 영화의 반전이라고 생각하자. 여러분이 맡은 역할은 매우 효율적으로 충격을 해소하며 해야 할 일에 집중하는 인물이다.

감정 상태에 붙들려 있을지 벗어날지는 여러분이 선택할 수 있다.

코미디 영화를 보며 한바탕 웃고 싶으면 영화를 유머러스하게 풀어 가면 된다. 영화와 완전히 별개의 인물이 되어 세트장과 의상, 등장인물을 분석하며 영화를 본다면 영화가 그리 흥미롭지 않을 수 있다. 경기를 뛰러 나가는 풋볼 팀이 패배를 확신하고 있다면 믿음은 아주 쉽게 현실이 될 것이다. 만약 선수들이 자신의 역할에 집중하며 '어떻게 될지는 끝까지 가봐야지'라 생각한다면 경기에서 최선을 다할 가능성이 크다.

인간으로서 우리는 감정적 상태에 빠져 있을지 말지를 자신의 뜻대로 할 수 있다. 만약 여러분의 마음 상태가 자신에게 도움이 되지 않는다는 사실을 깨달았다면 도움이 되도록 바꾼 다음 영화 속 여러분의 삶을 즐겁게 감상하자.

12장

전천후 투자
시작하기

전천후 투자법을 어떻게 구현할지 자세히 알아보기 전에 이 전략의 이점과 심리적 측면을 살펴본 이유가 무엇일까? 전략이 뿌리를 내리려면 기반이 필요하고, 여러분은 지금까지 천천히 그 기반을 다졌다. 이제 여러분은 계획을 실행하면서 그다음에 어떤 일이 일어날지 알게 되었다. 또한 전략에서 무엇을 기대해야 할지 거의 알고 있고, 그에 따른 어려움을 처리할 수도 있다.

즉 여러분의 여정을 시작할 때가 왔다는 뜻이다. 어떤 시장이 연구하기 쉽고 전략 구현에 가장 적합할지 조사하자. 여러분의 성격에 맞는 트레이딩 절차와 시장 조합을 찾고 나면 즐거운 시간을 만끽할 수 있을 것이다. 이 과정을 거치며 여러분은 포트폴리오 결과를 낙관적으로 예상할 수 있게 된다.

나는 다양한 전략을 활용해 극단적으로 분산하는 전천후 투자법으로 내 은퇴 계좌를 운영 중이다. 트레이딩을 어떻게 하는지, 포지션 규모를 어떻게 설정할지, 어떻게 컴퓨터 프로그램을 구성할지 또는 마음 상태를 어떻게 바꾸는지 태어날 때부터 알았던 건 아니다. 그러니 배워야 했다. 나는 내가 갖지 못한 것들이 필요했고, 그것들을 얻기 위해 노력했다. 매일 내가 어디를 향해 가는지 알며 관찰했고, 실수를 통해 배웠고, 수업을 듣고 책을 읽고 포트폴리오 전반을 과거보다 나은 방식으로 관리하게 해줄 트레이딩 전략을 시뮬레이션했다.

하지만 이런 과정은 하룻밤 새 완성될 수 없다. 전천후 투자법을 시작하려 한다면 뛰어들기 전에 먼저 해야 할 작업이 있다.

전천후 투자법 구현하기

이해하기 쉽게 단계별로 작업을 나누면 좋겠다. 각 단계는 이전 단계를 기반으로 하기 때문에 나열된 순서대로 전략을 구현하길 바란다. 순서는 다음과 같다.

1. 자신의 자원을 조사한다. 새로운 벤처 사업 계획을 프레젠테이션할 때처럼 선물 트레이딩 작업에 관한 설명을 써보자. 여기에는 자본, 기

술, 관련 인력, 작업을 순조로이 시작하는 데 소요되는 시간, 작업 실행 동안 시기별로 소요되는 시간 등이 포함되어야 한다. 이는 다른 트레이더와는 다른 여러분만의 자료가 될 것이다.

2. 어떤 시장에서 트레이딩할지 정한다. 주식을 바탕으로 하는가, 혹은 선물을 바탕으로 하는가, 아니면 수익만 낼 수 있다면 무엇이든 트레이딩할 수 있는가? 작동 방식을 아는 시장은 어디고, 투자를 분산하기 위해 공부해야 하는 시장은 어디인가?

3. 트레이딩을 추진하게 할 매수/매도 엔진을 구축한다. 기간은 장기일 수도, 단기일 수도 있으며, 표준 지표 중에서 선택할 수도 있다 (investopedia.com에서 공식, 로직과 더불어 지표도 열 개 이상 찾을 수 있다). 컴퓨터 프로그램을 사용할 수 있는가 하면 모니터에 그래프를 띄워 연구할 수도 있다. 자신에게 맞는 방식을 찾자. 단, 매수/매도 엔진에 담긴 로직과 계산 방식은 반드시 이해해야 한다. 그리고 자신에게 물어보자. '이 엔진은 언제 가장 좋은 성과를 거두고 언제 어려움을 겪을까?' 그 지표가 내 필요를 충족시켜줄까?

4. 기간 매개변수를 결정한다. 트레이더는 노이즈 혹은 관련 없는 데이터 속에서도 정보를 끌어낼 수 있어야 한다. 기간을 짧게 설정하면 트레이딩을 자주 하게 되어 더 빨리 효율적으로 처리해야 하는 일이 많아진다. 도전적인 길을 택해 데이트레이딩을 하고 싶을 수도 있다. 혹은

직업상 출장이 잦아 포트폴리오와 지표를 신중하게 검토할 시간이 일주일에 한 번뿐일 수도 있는데, 이런 경우엔 장기 지표 사용이 도움이 된다. 여러분의 상황에 맞는 기간은 반드시 존재한다. 그러니 찾아서 자신의 것으로 만들자.

5. 포트폴리오 내에서 포지션 규모를 어떻게 결정할지 생각하자. 10장에선 예시를 통해 내 접근 방식 몇몇을 살펴본 바 있다. 여러분은 보다 단순한 방법을 택할 수도 있지만, 논리적 계획을 바탕으로 포지션 규모를 계산해야 모든 포지션이 전체 포트폴리오를 위협하지 않으면서 기대만큼의 성과를 거두게끔 할 수 있다. 어떤 한 투자 수단에 의해 포트폴리오가 좌지우지돼서는 안 된다.

6. 과거 시장에서 자신의 전략이 필요를 충족시켜주는 성과를 거뒀을지 시뮬레이션을 통해 확인한다. 자동화할 수 있다면 자신에게 맞는 기간 매개변수 및 포지션 규모 계산 방법을 시뮬레이션에 넣고, 자신의 전략을 과거 시장에 적용했다면 어땠을지 확인하자. 이렇게 할 수 없다면 증권사 플랫폼에서 제공하는 차트들을 참고해 상승, 하락, 횡보 시장을 찾은 다음 각각 다른 시점에 자신의 전략이 어떤 결과를 얻었을지 직접 확인하면 된다. 이 단계의 목표는 자신의 전략이 다양한 시장 환경에서 어떻게 작용할지 더 잘 이해하는 것이다. 전천후 트레이더로서 운영하게 될 전략에 익숙해지는 단계라 할 수 있다.

7. 증권사를 정한다. 주식만 다룰 예정이라면 여러분의 트레이딩을 처리해줄 수 있는 주식만 취급하는 업체들이 많다. 자동화 정도는 회사마다 다를 것이다. 포트폴리오에서 주식, 옵션, 선물 포지션까지 다룰 생각이라면 모든 영역의 트레이딩을 운영하는 등록된registered 회사를 찾아야 한다. 원하는 모든 시장에서 트레이딩할 수 있으면 자본을 효율적으로 활용할 수 있고 전략에 따라 자금의 균형을 재조정할 때 증권계좌 사이에서 자금을 움직이는 수고를 덜 들일 수 있다.

8. 만반의 준비를 마친다. 포지션 규모를 결정하기 위해 스프레드시트가 필요하다면 준비해서 테스트하자. 사용하는 법을 연습하자. 이러한 테스트를 지원하는 증권사 플랫폼을 찾을 수도 있다. 한동안은 기간별로 전략을 운영하는 연습을 해보자, 실제로 주문을 입력하고, 포트폴리오를 검토하고, 필요한 경우 재조정하는 연습 등을 할 수 있다. 다가올 전투에 대비한 훈련이라 생각하자. 군인들이 훈련을 하는 이유는 얼마나 잘 싸우는가에 자신과 전우의 목숨이 달려 있기 때문이다. 여러분도 똑같이 생각하자.

9. 방아쇠를 당긴다. 이제 여러분은 모든 준비를 마쳤고, 오늘 할 일이 무엇인지도 알고 있다. 영업을 개시하자. 자신을 의심할 필요는 없다. 래리 더 케이블 가이Larry the Cable Guy처럼 "해보자Git-R-Done!"*를 외치며

----

* 미국의 코미디언이자 배우인 래리 더 케이블 가이가 만들어낸 유행어로, '할 일을 하자'는 뜻.

시작해도 좋을 것이다.

다음은 전천후 투자법의 구현 과정을 보여주는 몇몇 예시다.

팀은 직업 정신이 투철한 젊은이로 컴퓨터 관련 일을 한다. 그는 공격적으로 투자하기를 원하지만 이제 막 가정을 꾸린 터라 지나치게 큰 위험은 부담스럽다. 팀은 일하느라 정신없을 때가 많지만 직접 투자를 통해 더 많이 배우고 점점 나은 투자를 하고 싶어 한다.

여태 팀은 거래 증권사가 제공하는 트레이딩 플랫폼을 통해 자신이 관심을 가져온 기업의 주식을 트레이딩해왔다. 여러 해 동안 주식 시장이 상승세였던 덕에 팀의 포트폴리오는 몸집을 불릴 수 있었다.

하지만 과거 차트를 통해 팀은 주식 시장엔 언제나 위험이 도사린다는 사실을 안다. 앞서 이야기했듯 지난 100여 년간 주가는 여러 번 곤두박질쳤고, 또다시 그러지 않으리란 법도 없다. 이 사실을 아는 팀은 공격적으로 투자하는 동시에 잠재적 주가 하락 위험을 관리할 수 있는 방법을 찾고 있다.

증권사에서 제공하는 플랫폼을 살펴보다 주가지수 옵션에 관한 정보를 발견한 팀은 옵션을 자신의 주식 포트폴리오 헤징 수단으로 활용하기 위해 공부했다. 기술주 포지션이 큰 부분을 차지하는 공격적 포트폴리오를 갖고 있던 팀은 QQQ(나스닥100)의 옵션을 눈여겨보았다. 그는 증권사에 연락해 옵션 트레이딩이 가능하도록 계좌를 설정했고 인터넷에서 찾은 옵션에 관한 무료 초급 강의도 수강하기로 했다. 콜옵션과 풋옵션을 이해한 뒤엔 플랫폼에서 주가의 이동 방향이 상승세인지 하락세인지 측정할 수 있는 간단한 추세 지표를 만들었다.

다음으로 그가 해야 할 일은 주가 하락 위험을 제거해 포트폴리오를 헤징할 수 있는 특정 수단을 마련하는 것이었다. 그는 지표가 하락세를 가리킬 때 QQQ 풋옵션을 시가로 매수하고, 이후 상승세가 오면 옵션을 매도한 뒤 헤징 없이 공격적인 포트폴리오를 유지하기로 했다.

이런 전략을 세운 뒤 곧바로 할 일은 무엇이었을까? 당시 주식 시장이 상승세였던 터라 그는 아무것도 하지 않았다. 순풍이 뒤에서 불어올 때는 손을 놓고 있어도 배가 앞으로 간다. 그는 추세 지표를 매일 검토하며 하락세 조짐이 보이면 QQQ를 시가로 매수할 준비를 했다.

전천후 투자 관점에서 생각해보자. 팀은 자신이 위험을 안고 있다는 사실을 인지했나? 그렇다. 팀은 위험이 하락 시장에서 온다고 인지했나? 물론이다. 팀은 위험을 투자 수단으로 활용해 나머지 포트폴리오를 지키기로 했나? 당연하다. 팀은 자신에게 필요한 전천후 포트폴리오를 만들었고 앞으로 발생 가능한 주가 하락 위험에 노출되는 정도를 감소시켰다.

또 다른 예 하나를 보자. 제니퍼는 은퇴를 앞두고 있다. 지난 몇 년간 강세장 흐름을 타는 데 성공했을 뿐 아니라 평균 이상의 연봉과 보너스 일부를 저축한 덕에 그녀의 포트폴리오는 은퇴를 고려할 수 있을 정도로 두둑해졌다. 그러나 그녀는 직장생활을 하는 동안 주가가 요동칠 때 자신의 포트폴리오 가치 또한 상승하고 하락하는 모습을 봐왔다. 은퇴를 고려 중인 그녀는 생활비를 충당할 일정 수입 없이 포트폴리오 가치가 오르락내리락하는 모습을 지켜보기가 부담된다. 이전까지는 포트폴리오 변동성을 대부분 무시할 수 있었고, 직업에서의 성공 때문에 신경 쓸 여유가 없기도 했다. 하지만 직장을 떠나면 한 번도 해본 적 없는 일을 해야 한다. 포트폴리오 운영을 통해 얻은 수익만으로 살아야 하는 것이다.

주식 시장에 위험이 존재한다고 믿는 제니퍼는 엔지니어로 일한 경험과 수학 지식을 활용해 위험 제거 방법을 찾기 시작했다. 그녀는 증권회사에서 서비스로 제공하는 글로벌 시장 접근 권한을 사용했고, 다양한 시장을 활용해 자신이 시장에서 목격한 위험을 관리할 수 있다는 사실을 깨달았다. 만약 시장의 '매매시점'을 측정할 방법을 설정할 수 있다면 제니퍼는 수익성 좋은 주식을 매도하고 그에 따른 수익을 초단기 채권형 펀드에 예치해 이자를 벌 수 있을 것이다. 상승장에서는 계속 주식을 보유한 상태로 시장에 머물 테고, 하락장에선 주식을 청산해 위험의 일부를 피하고 나머지는 이자 수익으로 극복할 것이다. 그녀 포트폴리오의 가장 큰 부분은 대규모 연금제도계좌에서 IRA 계좌로 이전되어 있어 주식 수익 실현에 따르는 세금 문제는 발생하지 않을 것이다. 제니퍼는 은퇴 후엔 마음을 편안하게 유지할 수 있도록 주식 시장 위험을 관리하는 데 관심을 갖고 시간을 마련해 전천후 투자법을 살펴봐야겠다고 생각하고 있다.

그녀는 전천후 투자법을 취했는가? 그렇다. 그녀는 상승장과 하락장 모두에 대비할 수 있다. 작업은 처리할 만한가? 그렇다. 그녀는 그녀가 소유한 주식의 가격 지표를 매일 업데이트할 시간이 있으리라고 생각한다. IRA 계좌로 세금 혜택을 누릴 수 있었나? 그렇다. 그 덕에 주식 매매에 세금이 붙지 않는다. 제니퍼는 그녀가 걱정하는 시장 위험을 겨냥한 전천후 전략을 세웠다고 할 수 있다.

마지막 예시를 하나 더 보자. 벤은 수년간 농민들을 위한 소매 센터를 운영하며 사업 규모를 키웠다. 그의 연금과 과세대상인 포트폴리오는 규모가 컸다. 사업상 여러 해 동안 농민들과 접촉하던 벤은 그들이 자신의 작물을 헤징한다는 이야기를 항상 들어왔다. 그와 거래하던 대규모 농장의 관리부에서는 원자재 가격이 크게 날뛸 위험을 선물 계약으로 제거하는 방법을 알고 있었다. 그들은 자신들이 사용하는 에너지나 사료 등 원자재의 가격을 선물 계약으로 자신들에게 유리하게 묶어두는 방식을 통해 그들이 생산하는 콩, 옥수수, 돼지, 소 등의 원자재 가격을 고정했다.

벤은 큰 포트폴리오 몇몇을 관리 중이었고, 이제까지 재무설계사를 고용해 어떤 상품에 투자할지 조언을 들어왔다. 포트폴리오 관리에 대한 관심이 전혀 없고 시간이 곧 금이었던 그는 전천후 전략의 개념을 자신의 포트폴리오에 어떻게 적용할지를 두고 전문가에게 조언을 구했다.

벤의 재무설계사는 회사 연구 플랫폼을 검색한 결과 이 책에 요약된 전천후 투자 전략 개념이 하나 이상 포함된 펀드 상품들을 찾아냈다. 재무설계사와 벤은 이러한 펀드를 매수해 포트폴리오에 넣기로 했다. 이것도 전천후 트레이더의 결정이라 할 수 있을까? 그렇다. 벤의 포트폴리오는 시간이 지나면서 전천후 포트폴리오에 가까워졌다. 벤은 이 새로운 전천후 투자법을 다룰 수 있었나? 물론이다. 포트폴리오를 관리하는 과정에서 매일 해야 할 일이 거의 없었기 때문에 그는 사업 운영에 집중할 수 있었다.

진행 과정 모니터링

이 책의 머리말에서 나는 기술 발전 덕에 투자자가 할 일의 많은 부분이 간소화되고 신속한 처리가 가능해졌다고 이야기한 바 있다. 모바일 앱 덕분에 우리는 주머니에 실시간 정보를 넣어 다니면서 투자 상품들을 더 신속히 관리할 수 있다. 이러한 발전은 빗장 잠긴 문 앞에 오랫동안 머물렀던 소액투자자들에게 길을 활짝 터주었다.

종이쪽지, 연필, 계산기에서 시작해 1980년대의 PC, 초창기 대형 컴퓨터보다 계산 능력이 발전한 현재의 스마트폰과 태블릿에 이르는 동안 정보는 더 자유롭게 유통되고 있다. 덕분에 투자자가 정보를 얻거나 결정을 실행하는 것도 40년 전보다 훨씬 쉬워졌다. 나는 컴퓨터 지식, 그리고 그것을 현명하게 사용할 수 있는 경험을 갖췄지만 그렇게 되기까지 부단히 노력해야 했다. 데이터 속에 숨어 있는 정보들을 직접 찾아내는 한편 인내심을 길러 평정심을 찾는 방법을 배우기 전까지 롤러코스터 같은 감정 변화도 경험했고 말이다.

나는 나만의 전천후 투자 전략을 개발하는 데 수년을 보냈고, 그 노력은 충분한 결실을 맺었다. 나는 내 포트폴리오 구조가 탄탄하다고 생각하며 매일 지표를 업데이트하고, 필요한 경우엔 포지션 규모를 조정하고, 나머지 시간 동안엔 내 삶을 즐기기 위해 무엇을 해야 하는지 알고 있다. 또한 나는 극단적 분산, 헤징, 시점 측정 그리고 횡보 시장 전략을 통해 시장에 존재하는 위험을 어느 정도 관리할 수 있다.

여러분도 시간을 들여 자신에게 가장 적합한 전천후 투자 전략을 찾을 수 있도록 다양한 접근 방식을 시뮬레이션해보자. 엑셀 스프레드시트의 도움을 받을 수도 있고, 기본 기능만 갖춰 그리 비싸지 않은 노트북을 구입해두면 아주 복잡한 계산을 하는 것도 가능하다. 여러분에게 주어진 과제를 하다 보면 완전한 전략을 세우는 데 자신감이 붙을 것이다. 이러한 자신감은 긍정적 성과를 얻는 능력으로 드러난다.

어디에서부터 시작해야 할지 감이 안 잡힐 수도 있는데, 간단한 트레이딩 지표와 포지션 규모 측정 방법을 원한다면 내 웹사이트를 방문해보자. 트레이딩 시작 시 활용할 수 있는 자료들을 포함한 엑셀용 ETR 트레이딩 툴ETR Trading Tool이 업로드되어 있으니 활용해볼 수 있을 것이다. 학습상점Learn Store의 다른 자료들도 둘러보길 바란다.

다양한 데이터 분석 방법을 찾는 이들은 좀 더 정교한 컴퓨터 소프트웨어를 고려해볼 수 있다. 데이터를 분석하는 더 빠르고 강력한 방법은 계속 개발되는 중이다. 수강료가 비싸지 않은 온라인 프로그래밍 강의를 찾을 수도 있다. 나도 최근 유데미(Udemy.com)에서 몇몇 강의를 단돈 15달러에 수강했다. 자신에게 편한 속도로 걸음을 옮기자. 간단한 트레이딩 절차를 고안하면 좀 더 숙련된 트레이더로 거듭날 수 있을 것이다.

복잡하게 생각할 필요 없다. 올림픽 선수처럼 훈련받지 않아도 스프레드시트를 활용해 지표와 포지션 규모를 설정하는 알고리즘을 구성할 수 있으니 말이다.

하지만 앞으로 나아가려면 우선은 발걸음부터 떼야 한다는 사실을 잊지 말자.

위험 대비
수익률 극대화하기

어떤 전천후 전략을 구성하든 여러분은 위험 대비 수익률을 최대한 높이고자 한다. 문제는 위험 대비 수익률의 계산 시 사용하는 지표에 결점이 있거나 자신의 포트폴리오에 적용할 수 없는 것이다. 이 장에서는 보편적인 지표 몇 가지를 살펴보고 더 나은 해결책도 제시하려 한다.

샤프 지수

일반적인 주식 포트폴리오와 기관 투자에서 가장 널리 사용되는 비율 중 하나다. 이 비율은 특정 기간 동안의 연평균수익률을 수익의 표준편차로 나누어 구하며 변동성은 위험과, 하락 변동성은 상승 변동성과 동일하다고 가정한다. 하지만 이는 말도 안 되는 가정이다! 내가 관리했던 고객 중 상승세일 때 계좌의 변동성에 대해 불평한 고객은 한 명도 없었다!

MAR 비율

이 비율은 특정 기간 동안의 연평균복합성장률을 동일한 기간 동안의 최대 낙폭으로 나눠 구한다.

나는 투자자들이 낙폭에 특히 민감하다는 사실을 잘 알기에 이 방식이 일리 있다고 생각한다. 하지만 이 비율은 기간 동안의 최대 낙폭 하나만을 사용한다. 작은 낙폭들이 더 있어도 계산에 포함되지 않고, 심지어 낙폭이 오랫동안 이어져도 포함되지 않는다는 뜻이다. 그러나 실제 투자에서는 하락세가 길어질수록 투자자들이 인내심을 잃거나 전략을 포기하기도 쉬워진다.

평균 낙폭 대비 수익률

MAR 비율의 결점을 보완한 비율이다. 평균 낙폭 대비 수익률은 일정 기간 동안의 연평균복합성장률을 측정 기간 동안 발생한 모든 낙폭의 평균으로 나눠 구한다. 유용하긴 하나 최대 낙폭이 매우 심각할 때 투자자 심리에 미치는 영향은 고려하지 않은 방법이다. 실제 투자에서 투자자들은 최대 낙폭이 발생하는 동안 스트레스를 가장 많이 받는다.

트레이너 지수

샤프 지수와 비슷하지만 포트폴리오의 표준편차 대신 적절한 지수 (베타)에 대한 포트폴리오 움직임을 사용한다. 선택한 다양한 기준에 따라 포트폴리오에 대한 베타가 달라지므로 결과적으로 트레이너 지수의 값 또한 달라진다. 베타에 영향을 미치고 이에 따라 트레이너 지수가 달라지게 하는 기준 지수를 인간이 선택한다는 점이 나는 영 미덥지 않다. 조작하기 딱 좋은 방식이라 생각하기 때문이다.

소티노 지수

연구 플랫폼에서 자주 사용되는 이 지수는 내가 가장 좋아하는 위험 대비 수익률 측정 방식이기도 하다. 이 지수는 위험을 수익률의 표준편차로 정의하는 샤프 비율과 동일한 개념을 바탕으로 하지만, 계산 방식을 달리해 측정 기간 동안 포트폴리오에서 발생한 하락세 수익률의 표준편차만을 고려한다. 또한 투자자와 트레이더가 실제 위험으로 간주하는 대상과 가까운 항목을 사용하지만 해당 위험 기간에 소요된 시간은 고려하지 않는다.

더 합리적인 위험 대비 수익률: ETR 컴포트 지수

나와 고객들의 자산을 관리하면서, 나는 자산 곡선의 상승 또는 하락이 투자 프로세스를 바꾸거나 엉망으로 만들 수 있는 인간적 요인에 미치는 영향에 대해 많은 것을 배웠다.

50퍼센트에 달하는 어마어마한 낙폭을 기록한 적이 있지만 장기 연평균성장률 면에서 훌륭한 상품이 투자자들에게 판매되는 모습을 보면 항상 놀랍다. 가치가 50퍼센트나 감소한 포트폴리오를 지켜보며 장기적으로 버틸 수 있는 인간은 지구상에 없다. 대부분은 15~20퍼센트만 하락해도 견디기 힘들어하니 말이다.

고객과 트레이더는 어떤 이유 때문에서 전략을 포기할까? 내가 생각하는 이유로는 두 가지가 있다. 트레이더가 편안함을 유지하는 수준보다 낙폭이 얼마나 더 깊은가, 그리고 하락 구간이 얼마나 길게 이어지는지가 그것이다. 다시 말해 시장이 5퍼센트쯤 하락할 때 당황하는 트레이더는 거의 없지만, 그 기간이 몇 년간 지속된다면 트레이더의 인내심도 바닥날 것이다. 반면 시장이 급격하게 30퍼센트 하락하는 기간 역시 투자자들로 하여금 자신의 계획을 즉시 버리게 만든다.

나는 트레이더와 그들의 고객이 계획을 유지하려면 마음이 편안해야 한다고 생각한다. 마음이 불편해지면 그들은 다른 좋은 아이디어를 찾아 즉각 떠난다.

공학 전공자로서 나는 위험 대비 수익률을 계산하는 방법을 다른 관점으로 본다. 나는 적분 개념을 사용해 하락 기간의 규모, 그리고 함께 마음이 불편한 기간에 소요된 시간을 고려해 불편함의 정도를 간단히 측정하는 방법을 고안했다. 시장 흐름이 긍정적일 때 신고점을 향해 상승하는 구간에서 트레이더들은 편안함을 느낀다. 자산이 새로운 고점을 찍는다고 불평하는 고객은 여태껏 한 명도 없었다. 나는 이러한 요소들을 다음과 같이 발전시켰다.

ETR 컴포트 지수 = 편안함의 양 / 불편함의 양

이제 우리에겐 두 가지 매개변수가 필요하다. 하나는 수익률이 어느 정도 하락해야 불편함을 느끼는지(**하락 구간 수익률 기준**)를 측정하는 매개변수, 다른 하나는 하락 구간이 얼마나 지속되어야 트레이더가 불편함을 느끼기 시작하는지(**하락 구간 소요 시간 기준**)를 측정하는 매개변수다. 적어도 시장이 10퍼센트 하락하거나 하락 구간이 6개월 이상 지속되면 대부분의 트레이너들은 자신의 전략을 바꿔야 할지 고민하기 시작한다.

불편함의 정도는 지정 기준을 넘어선 하락세에 소요된 기간 동안의 낙폭 크기를 합한 값이다. 지정 기준을 넘어서면 포트폴리오가 새로운 고점을 찾고 여러분이 편안함을 느끼는 수준이 될 때까지 각 기간의 낙폭치를 합한다.

편안함의 정도란 불편함의 정도와 반대니, 새로운 고점을 찍은 뒤 상승할 때 그 상승 정도를 기록하면 된다. 상승 정도는 하락세의 마지막 지점에서부터 어느 정도 상승했는지를 나타내는 비율이다. 하락세 기준을 넘어설 때까지 모든 기간의 상승 정도를 합한다. 하락세 기준을 넘으면 여러분은 다시 해당 기간 동안의 낙폭을 합해 불편함의 정도를 계산하기 시작할 것이다. 편안함의 정도는 기본적으로 편안함에 소요된 시간과 정도다. 포트폴리오 수익이 나아질수록, 또 상승세에 소요되는 시간이 길수록 편안함의 정도는 상승한다.

ETR 컴포트 지수는 불편함의 정도에 대한 편안함의 정도를 간단하게 측정한 비율이라 할 수 있다.

간단한 예시: 미재무성 증권

재무의 세계에서 미재무성 증권은 '무위험률'로서 활용된다. 만기가 아주 짧은 미재무성 증권에서 하락세에 소요된 시간이 0 또는 0에 가까우면 거의 매일 새로운 고점을 기록하니 편안한 날들이 될 것이다. 하락하는 날이 거의 없으므로 이런 날들의 합은 0에 가깝다.

ETR 컴포트 비율(미재무성 증권) = 긍정적인 증가 값 / 0 = 무한대

요약하면 미재무성 증권의 ETR 컴포트 비율은 매우 높다는 뜻이다.

S&P500 지수를 활용한 다른 예시

몇 년 전 나는 1993년부터 20년 동안의 월간 S&P500 지수 값을 활용해 연구를 수행했다. 그리고 간단한 스프레드시트를 만들어 S&P500 지수의 월간 ETR 컴포트 비율을 계산하고 시간에 따른 S&P500 지수의 시점매매 전략을 평가했다.

다음 페이지 하단의 그래프를 보면 1993년부터 2002년까지의 기록으로 ETR 컴포트 비율을 초기화한 후 2019년까지 지수가 0.2에서 0.6 사이에서 유지됨을 알 수 있다. 합리적으로 지수를 계산하려면 편안한 구간과 불편한 구간 모두를 계산에 넣어야 한다. 편안했던 기간 동안의 기록만 사용하면 ETR 컴포트 비율은 미재무성 증권의 경우에서처럼 무한대가 될 테고, 불편했던 기간의 기록만 사용하면 비율이 0으로 계산되어 전체 측정 기간 동안 늘 불편함을 느꼈을 거란 결론을 얻을 것이다. 1993년부터 2022까지 30년간의 기록으로 ETR 컴포트 지수의 초깃값을 설정한다고 해도 마찬가지다.

지수가 높을수록 여러분은 투자할 때 더욱 편안함을 느낄 것이다. 2008년 약세장 동안엔 매수 후 보유 접근 방식의 수익률이 큰 폭으로 떨어졌다. 하지만 시점매매 방식은 2017년 가장 큰 풍파를 맞았다. 2016년부터 최근까지 강세장을 타고 시점매매와 매수 후 보유 접근 방식의 컴포트 지수는 모두 꾸준히 상승했다.

여기에서 주목할 점은 시점매매 접근 방식의 컴포트 지수가 매수 후 보유 접근 방식보다 훨씬 높다는 점이다. 장기적 관점에서 때로 50퍼센트의 낙폭을 견뎌야 하는 전통적 '매수 후 기도하기' 전략보다 시점매

●1,000달러 투자 시 S&P500 지수의 시점매매 전략과 매수 후 보유 전략의 월 간부가가치지수VAMI 비교

--- 시점매매 월간부가가치지수   — 매수 후 보유 월간부가가치지수

●S&P500 지수 시점매매와 매수 후 보유의 ETR 컴포트 지수 비교

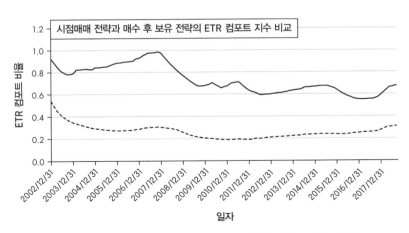

— 시점매매 ETR 컴포트 비율   --- 매수 후 보유 ETR 컴포트 비율

매 접근 방식으로 투자할 때 더 편안함을 느낀다는 사실은 그리 놀랍지 않다. 전천후 전략에 시점매매 접근 방식을 포함시키면 여러분의 ETR 컴포트 지수를 높은 수준으로 유지할 수 있을 것이다.

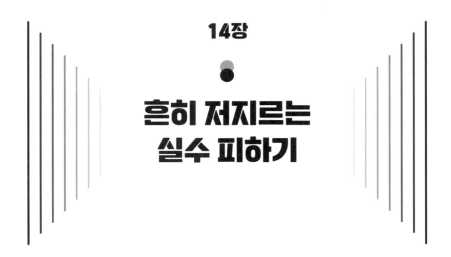

14장

흔히 저지르는
실수 피하기

시장은 투자자들에게 무관심하다. 한 번의 손실이 여러분의 포트폴리오를 날려버린다 해도 상관하지 않는다. 여러분의 자산이 아주 변화무쌍한 덕에 설사 경제가 무너져도 포트폴리오엔 흠집 하나 남지 않는다 해도 마찬가지다. 여러분이 어떤 방식으로 트레이딩하든 앞으로도 시장은 매수자와 매도자 사이에서 저울질하며 약세장과 강세장을 만들어낼 것이다.

물론 롱포지션을 가지고 있는 어떤 투자자도 강세장이 이어질 때는 불만이 없을 것이다. 하지만 영원한 강세장이란 없다. 어느 시장에나 힘든 시간은 찾아오기 마련이고 여러분은 예상치 못한 하락에서 자신을 지켜야 한다.

인생의 여러 측면에서 약간의 풍파를 겪고 나면 사람들은 포기가 빨라진다. 그러나 이럴 때 우리는 깨달음을 얻고 행동을 개선할 수 있다. 힘든 시기에 섣부른 판단으로 내린 결정을 동기 삼아 깨달음을 얻으면 점차 실수를 줄일 수 있다.

투자를 막 시작한 개인 투자자들은 잘못된 결정을 몇 번 하고 나면 트레이딩을 완전히 포기해버리기도 한다. 주변에 자신과 생각하는 방향이 같고 자신을 지지해주는 이들이 없으면 이런 실수를 극복하기 힘들 수 있다. 하지만 마음가짐을 약간 바꿔 해결책을 찾을 수도 있다.

골프 경기에서 첫 타를 잘못 쳤다고 생각해보자. 페어웨이*를 노렸지만 공을 빗겨 치는 바람에 공이 러프**에 빠져버린 상황, 이럴 때는 무엇을 해야 할까? 아마 여러분은 골프채 머리로 부드러운 초록 잔디를 마구 내리치고 싶을 것이다. 아닌가? 그러나 여러분은 그렇게 하지 않는다. 대신 숨을 죽인 채 나직이 불평을 내뱉고는 골프채 가방 쪽으로 가서, 어떻게 하면 더 나은 샷을 칠 수 있었을지 분석한다.

여기서 좋은 소식은 아직 실수를 만회할 수 있다는 사실이다. 기둥 폭이 골프장 카트만 한 나무가 공과 깃발 사이에 서 있다고 하더라도 여전히 공을 날려 페어웨이에 안착하도록 할 방법이 있고, 거기에서부터 다시 경기를 이어나가면 된다. 기뻐할 상황은 아니지만 여전히 손쓸

----

*   티와 그린 사이의 기다란 잔디밭.
**   골프장에서 풀이 길고 공을 치기가 힘든 부분.

방법은 있다.

여러분은 절대 러프에 공을 두고 골프장을 떠나려고 하지는 않을 것이다. 아닌가? 샷을 한 번 잘못 쳤다고 짐칸에 골프채들이 실린 카트를 길에 내팽개쳐두고 집으로 가려고 할 것인가? 그럴 리 없다. 실수를 만회하리라고 다짐하며 다음 샷은 더 잘 칠 수 있다고 주문을 욀 것이다. 투자에서도 똑같이 해야 한다.

여러분은 트레이딩에서 실수를 저지르게 될 것이다. 특히 가격과 시장이 유례없이 빨리 움직일 때는 어쩔 도리가 없다. 모든 것이 더 천천히 움직이던 1970년대와 1980년대에는 제대로 연구하지 않은 채 투자에 뛰어드는 사람들을 보기 힘들었다. 그렇게 할 수도 없었다. 그때는 수화기를 집어 들고 재무설계사나 증권 중개인에게 전화를 걸어서 현재 시장가를 묻고, 답신 전화를 기다렸다가 어떻게 할 것인지 결정했다. 새로운 투자를 시작하는 데 하루가 꼬박 걸리기도 했다. 결정을 신중히 내릴 시간이 충분했다는 뜻이다.

요즘은 스마트폰 화면 위에서 손가락을 한 번 놀리면 거래를 체결할 수 있다. 이러한 방식 때문에 경험이 없는 트레이더들은 문제를 겪기도 한다.

완전한 전략이 없는 경우

소셜미디어 플랫폼을 통해 이런 메시지를 보내는 사람이 종종 있다.

'XYZ 주식을 X달러에 샀는데 Y달러까지 올랐습니다. 어떻게 할까요?'
트레이딩 전략이라고는 찾아볼 수 없는 질문이다. 우리가 앞서 4장에서
언급한 항목들이 포함되지 않았다면 아직 전략이 불완전하다는 뜻이
다. 이 말은 여러분이 시장이 상승하거나 하락하거나 횡보할 때 무엇을
할지 제대로 생각하지 않았다는 의미고, 포지션 규모를 어떻게 설정할
지 대책이 없다는 뜻이다. 당연히 예상치 못한 일이 발생했을 때 대비
책이 있을 리 없다. 전략을 완벽하게 실행할 방법을 똑 부러지게 준비
하지 못했을 수도 있다. 이 중 하나에만 해당되어도 여러분의 전체 계

●완전한 트레이딩 전략

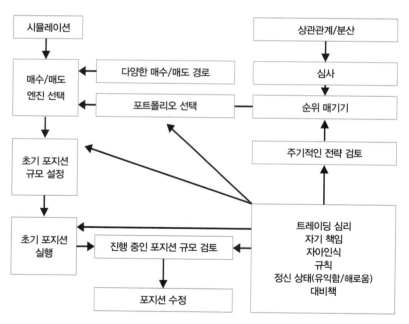

획은 무너질 수 있다. 완전한 전략을 만들고 흠 없이 실행하면 당황스러운 상황이 생기더라도 스트레스를 훨씬 덜 받을 수 있다. 앞서 4장에서 소개했던 완전한 트레이딩 전략을 되짚어보자.

이 그림 안에 있는 모든 박스를 연구하고 자신에게 물어보자. "내가 트레이딩 전략의 이런 측면을 고려했나?" 아니라면 곰곰이 생각해보고 계획을 마련하자.

트레이딩에서 문제를 겪는 트레이더는 대개 이 박스들의 내용 중 뭔가를 놓치고 있었다.

포지션 규모를 적절하게 설정하지 못한 경우

적절한 포지션 규모 설정은 내가 이 책의 모든 장에서 강조했고 이 주제로 책까지 출간한 바 있으니 더 이상 반복하지 않겠다. 이번 장은 흔한 실수를 어떻게 피할지에 대해 이야기하는 장이기도 하니 말이다. 트레이더들이 저지르는 가장 흔한 실수 중 하나는 각 투자 포지션 규모의 결정 및 관리와 관련된 지속적, 논리적 방법이 없다는 것이었다.

'이 주식은 곧 상승할 것 같으니 더 사야겠다'란 방식으로 포지션 규모를 정하는 것은 성공적 트레이딩으로 이어지기가 어렵다. 물론 예측이 들어맞아 큰돈을 벌 수도 있지만, 이런 방식으로 1,000건 이상을 트레이딩하다 보면 정통으로 뒤통수를 맞는 날이 여럿 있을 것이다. 포트폴리오 또한 심각한 손실을 입을 것이 분명하다.

다른 상황 역시 발생할 수 있다. 여러분은 주식을 연구하고 적절한 규모를 계산한 후 1,000주를 사려는데 마음속에서 이런 목소리가 들린다. '지금 시장이 좀 과열되어 있는 것 같은데, 인플레이션이 시작되면 이 회사가 잘 버틸지 모르겠군.' 그래서 결국 500주만 매수했는데 이 주식이 그해 가장 좋은 성과를 낸 투자가 된 것이다. 포트폴리오는 이 포지션의 성과를 완전히 누리지 못했다. 여러분이 이 주식을 '적정' 규모의 반만 매수하기로 마음먹었기 때문이다. 이럴 때 트레이더는 '더 잘 안다'고 착각하는 바람에 단순한 트레이딩 전략을 따르지 않은 자신을 질책한다. 나 또한 그런 적이 있는데, 이런 실수는 트레이딩하는 여러분의 심리에 유익한 영향을 미치지 않는다.

여러분은 포지션 규모를 결정하는 일관된 방법을 갖고 있어야 한다. 그런 방법이 없다면 얼마나 매수하고 매도할지에 관해 이야기한 10장으로 돌아가자. 이런 흔한 실수를 피하는 방법은 간단하다. 유명 스포츠 브랜드 나이키Nike의 슬로건처럼 '저스트 두 잇Just Do It!', 그냥 하면 된다.

분산에 실패한 경우

투자자들은 다른 시장에 자산을 분산해야 한다는 사실을 자주 간과한다. 이는 추가적 시장을 연구하고 이에 대해 전략을 세우며 트레이딩까지 실행하려면 시간과 에너지가 더 들기 때문이다. 이 책을 쓰는 지금 나는 ETF 스무 개, 선물 시장 서른한 개, 주식 지수 옵션 스프레드에 걸쳐 아홉 개 전략하에 오십 개 이상의 포지션을 운영 중이다. 다음 24시간을 책임질 주문들을 업데이트하는 데 매일 걸리는 시간은 40~80분쯤이다. 그간 트레이딩해온 세월이 있으니 내게 유리한 점이 있다는 사실을 인정하지만, 주식 포트폴리오 관리가 익숙한 사람이라면 마이크로 선물 계약을 훑어보고 그에 대한 전략을 세우기도 어렵지 않을 것이다. 주 단위로 지수 옵션 스프레드를 매도하는 접근 방식을 고려해볼 수도 있다.

하룻밤 새 전략 열댓 개를 짜서 오십 개 시장에 적용하라는 뜻이 아니다. 컴퓨터를 잘 활용할 수 있게 되는 데만도 시간이 꽤 걸릴 것이다. 하지만 모든 트레이더는 더 분산할 방법을 고민할 수 있다. 성장주 중심 포트폴리오에 성장주를 추가하라는 이야기가 아니다. 이런 포트폴리오는 주식 시장이 50퍼센트 하락할 때 전천후 전략의 효과를 누릴 수 없다.

어쩌면 귀금속 섹터 ETF를 노려볼 수도 있고, 하락장에서만 지표를 가지고 시점매매하는 헤징 전략을 선택할 수도 있을 것이다. 주식 시장과 전혀 무관하게 극단적으로 분산된 마이크로 선물 계약 다섯 개를 골라 간단한 지표와 포지션 사이징 알고리즘을 바탕으로 트레이딩하면서 경험치를 올릴 수도 있다. 여러분의 포트폴리오를 틀에 가두지 말자. 어떤 것이 되었든 트레이딩은 그저 트레이딩일 뿐이다. 50년 동안 트레이딩을 해온 나는 선물 트레이딩이 개별 주식을 트레이딩하는 것보다 여러 면에서 쉽게 느껴지기도 한다.

각각 다른 경제 섹터의 ETF를 활용하는 간단한 예시를 살펴보자. ETF는 트레이딩이 거래소에서 이루어지고 한 번의 트레이딩을 통해 다양한 주식에 분산할 수 있기에 쉬운 투자라 할 수 있다. 조금 더 나아가 서로 무관한 시장에 ETF를 분산해 투자한다면 더 큰 분산 효과를 누릴 수 있다. 이렇게 하면 한 섹터가 무너지더라도 약간의 손실을 볼 뿐 포트폴리오가 완전히 무너지진 않는다. 위험 분산 방법을 아직 고민 중이라면 극단적 분산에 대해 이야기했던 7장으로 돌아가 다시 살펴보자.

자신이 어느 시장에서 트레이딩하고 있는지 검토하고 '포트폴리오를 분산해서 전천후 전략에 가깝게 만들 수 있는 방법으로는 또 뭐가 있지?'라고 자문하면 분산에 실패하는 실수를 피할 수 있을 것이다.

강세장에 대한 착각

전략을 모니터링하고 조정하면서 강세장도 위험할 수 있다는 사실을 기억하자. 시장의 영향을 자신의 재능으로 착각할 수 있기 때문이다. 그러니 강세장과 능력을 헷갈리지 말자. 감정과 자아를 배제한 채 추세를 계속 지켜봐야 한다.

2008~2009년의 경제위기 이후 지난 14년간 주식 시장은 꽤나 활황이었다. 코로나19로 인한 팬데믹이 짧은 기간 동안 35퍼센트 하락시키긴 했지만 이내 곧 신고점을 향해 상승하며 시장에 거의 영향을 미치지 않았다. 그 후 2021년까지 상황은 따라잡기 힘들 정도로 너무나 급히

오르막을 기록했다. 2021년 말 주식 시장에서 활동했던 모든 사람은 자신이 이익을 내고 있으며 올바른 방식으로 트레이딩하고 있다고 주장할 수 있었다.

하지만 2022년 약세장이 찾아왔다. 주식 시장이 얼마나 높이 상승할지를 예측하던 TV 속 전문가들은 이제 약세장의 바닥이 어디일지 예측하고 있다.

포트폴리오에서 수익을 얻으면 물론 좋겠지만, 정부 규제나 세계적 사건 하나로 완전히 반대의 상황이 펼쳐질 수 있다는 사실을 기억해야 한다. 무엇도 보장할 수 없다는 사실을 마음에 새기자. 시장은 자기 흐름대로 움직인다. 이 말을 이해하면 어리석게 포트폴리오에 존재하는 위험을 무시했다가 타격을 입는 대신 그것에 적절히 대비할 수 있을 것이다.

초기 자본이 너무 적은 경우

전 세계의 트레이더들과 이야기하다 보면 트레이딩 자금이 거의 없는 사람이 있는 반면 수백만 달러 이상을 가진 사람도 있다. 포트폴리오가 크면 투자에 전천후 전략을 적용하기 쉽다고 망설임 없이 말할 수 있다. 작은 포트폴리오는 자산 대비 비용이 많이 들고 투자 수단, 전략, 시장, 기간별로 분산 가능한 여유가 거의 없기 때문이다. 소규모 포트폴리오가 수익률은 더 적고 변덕스럽고 덜 예측 가능한 데 반해 위험은 높은 이유다.

좋아하지 않는 일을 하던 트레이더가 트레이딩이 너무 좋아져 전업으로 전향하고 싶지만 자본 부족이 문제라는 사연을 종종 듣는다. 이들은 이렇게 질문한다. "트레이딩을 전업으로 하고 싶은데 조언해주실 수 있나요?" 나는 현재 상황을 유지하면서 여윳돈이 생기면 무조건 트레이딩 계좌에 넣으라고 제안한다. 이 책에서 이야기하는 여러 기술은 포트폴리오 규모가 클수록 적용하기도 더 쉽다. 우선은 포트폴리오 규모부터 키우자.

자신이 뭘 하고 있는지 완전히 이해하지 못하는 경우

신규 옵션이나 투자 수단에 관한 좋은 아이디어를 접한 트레이더들은 새로운 아이디어를 덥석 받아들일 준비를 하는 경우가 많다. 이런 사람들은 새로운 수단이 어떻게 작용하는지 미처 이해하지 못함에도 망설임 없이 그것을 활용하려 든다. 이런 경우엔 위험을 만날 시 재앙이 일어날 수 있고, 결국 새로운 수단은 포트폴리오에 손해를 입힐 것이다. 나는 활용할 만한 새로운 투자 전략이 있으면 열심히 공부하고 테스트부터 한 다음 아주 작은 규모로 새로운 포지션을 개시한다. 그리고 이해하고 기대했던 성과가 나면 그때 투자 또는 전략을 큰 규모로 키운다.

포트폴리오 분산을 위해 선물이나 옵션 같은 새로운 수단을 활용하기 전에 공부부터 하자.

비용을 고려하지 않는 경우

어떤 트레이딩 전략이든 그것의 구현에는 여러 비용이 든다. 가장 먼저 떠오르는 비용은 증권사 수수료지만 주식 시장의 경우엔 거의 0에 가까운 수수료를 책정하는 증권사들도 있다. 그러나 어떤 투자든 매수/매도 스프레드는 존재하고 시간의 경과에 따라 비용이 발생한다. 유동적인 투자일수록 매수/매도 스프레드에 드는 비용을 최소화할 수 있으니 유동성이 높은 투자 수단을 잘 선정해야 한다.

과세 대상인 일반 계좌를 통해 매수하고 매도할 때는 손익에 대해 세금을 내야 할 수 있다. 트레이딩을 통해 수익을 거뒀다면 납세 의무를 다할 수 있도록 포트폴리오의 일정 부분을 비용으로 책정해두자.

다른 사람과 자신의 포트폴리오를 비교하는 경우

전략의 구현과 실행은 여러분의 몫이다. 투자 중인 시장 및 사용 중인 전략은 각자의 삶이 어떤 환경에 있느냐에 따라 달라진다. 다른 투자자들과 자신의 차이를 만드는 이러한 삶의 환경은 저마다의 전략 운영 방법에도 영향을 미친다.

자신의 상황에 적합한 자신만의 계획을 운영하자. 자신이 위험을 얼마나 감당할 수 있는지 파악하고 투자할 때 이를 염두에 두자. 주변 사람들은 어떻게 하고 있는지 궁금해할 필요 없다. 지난 분기에 어떤 시장에서 좋은 성과를 거뒀다는 이야기를 이웃에게서 든더라도 그에게 어떤 전략을 사용하는지 묻고 따라 하려 하진 말아야 한다. 왜냐고? 첫째, 시장은 빠르게 변화한다. 둘째, 그의 전략은 여러분의 상황과 맞지 않을 가능성이 크기 때문이다.

여러분의 포트폴리오가 최고의 성과를 내는 동안 그 이웃이 힘든 시기를 지나고 있다고 해도 마찬가지다. 전천후 트레이딩 접근 방식을 통해 성공적으로 오랫동안 투자할 수 있겠다고 판단해서 여러분이 이 책이나 이 책의 철학을 다른 이들에게 소개해준다면 나는 매우 기쁠 것이다. 하지만 우선은 조용히 여러분의 포트폴리오에만 집중하면서 다른 사람들이 뭘 하든 신경 쓰지 않는 것이 좋다.

소셜미디어에 나오는 수천 명의 트레이더들은 자신들이 매수하고 있는 포지션 또는 대박을 터뜨린 전략에 관해 이야기하고, 특정 주식이 어떻게 될지에 관해 예측한다. 그러나 신중하게 고민해 잘 짜놓은 여러분의 전략이 그들의 이야기와 무슨 상관이 있는가? 전혀 없다. 여러분의 계획을 실수 없이 실행하면 그뿐이다! 자신의 계획에 포함시켜선 안 되는 정보에 마음 흔들리지 말자.

일정과 책무를 고려하지 않은 경우

여러분의 일정은 반드시 고려되어야 한다. 완전한 전천후 전략을 개발할 시간이 얼마나 있는가? 전략 실행을 위해 매일 또는 매주 쓸 수 있는 시간은 어느 정도나 되는가? 여러분은 돌봐야 할 가족이 있는가, 아니면 자신만 책임지면 되는가? 전업으로 하는 일이 있어 시간을 유연하게 쓰기 힘든가? 출장을 많이 다녀서 일정이 매번 달라지는가?

시간이 유독 많이 들거나 더 잦은 모니터링을 필요로 하는 전략이 있다. 일 때문에 2주 동안 해외에 있어야 하거나 아픈 아이의 등하교를 위해 항시 대기해야 하는 사람이라면 이런 트레이딩 전략을 사용하고 싶지 않을 것이다. 자신의 일상이나 중요한 책무를 방해하는 기술은 멀리하자.

시간이 없는 사람일수록 장기적이고 손도 덜 가는 전략이 필요하다. 더 세세한 내용까지 관리하길 원하거나 시간과 열정이 넘치는 사람은 단기 투자 전략에 집중하려 할 것이다. 경험이 많으면 변동성이 커지더라도 더 잘 대처할 수 있게 된다. 경험이 없을수록 변동성이 적은 트레이딩 수단을 선택해야 한다. 어떤 전략이 정답이냐는 전천후 트레이더마다 다르다. 각자에 맞게 다른 전략을 사용하는 것이 성공하는 최선의 방법이다.

시간 여유가 있어 트레이딩에 전념할 수 있는 날이 많고 활발하게 거래하려는 사람들은 데이트레이딩을 고려할 수도 있다. 거래당 위험은 적고 복리와 같은 원리로 수익을 늘릴 수 있으며 많은 자본을 필요로 하진 않기 때문이다. 하지만 내가 만난 사람들 중 이 조건을 충족하면서 데이트레이딩을 잘하는 데 필요한 집중력까지 가진, 타고난 데이트레이더는 몇 없었다.

내가 만난 트레이더 대부분은 시간 여유가 없었고, 직업 또는 챙겨야 할 가족이 있거나, 자신이 하려는 투자에 대한 지식도 많지 않았다. 생활환경과 가족관계, 단기 계획, 장기 계획 그리고 다른 여러 변수들은 모두 트레이딩에 영향을 미친다. 전략을 짜면서 이런 중요한 요소들을 고려하지 않은 사람은 결국 엄청난 대가를 치르며 좌절에 빠지고 만다.

여러분의 삶을 객관적으로 바라보면서 트레이딩에 얼마나 전념할 수 있는지 생각해보자. 나를 믿어도 좋다. 시장은 여러분의 삶이 위기에 빠져 있든 책임으로 가득하든 콧방귀도 뀌지 않는다. 마치 매일 뜨고 지는 태양처럼 그저 거래일이 되면 같은 시간에 개장하고 폐장하며, 여러분의 하루가 힘들었는지 즐거웠는지도 알아주지 않는다. 그러니 하루, 일주일이 어떻게 흘러갈지를 고려해 실행할 수 있는 전략을 계획하자. 꾸준한 실행이 불가능한 트레이딩 방식은 시도조차 하지 말아야 한다.

꾸준함을 잃는 경우

사놓고 잊어버려라. 이는 투자의 세계에서 전해 내려오는 유명한 표현이다. 의사, 변호사, 기업 경영인처럼 바쁜 전문 직업인들을 생각해보자. 이들은 자기가 하는 일 외에 시장이 어떻게 변화하고 있는지에 신경 쓸 여유가 거의 없다. 이런 이유로 이들은 전문적인 도움을 받으며 약간의 대가를 지불한다. 이들은 자신이 포트폴리오에 좋은 성과를 가져올 만큼 충분히 시장에 집중할 수 없다는 사실을 안다. 일상이 바쁘기 때문에 꾸준히 시간을 쏟는 것이 불가능하다는 사실을 아는 것이다.

그래서 자신의 포트폴리오에 전략을 적용해줄 누군가를 고용한다.

　트레이딩 전략을 유지하려면 꾸준히 노력해야 한다. 본업이 너무 바빠 집중력과 꾸준함을 잃는다면 전략도 유지할 수 없다. 이는 누구에게나 해당될 수 있는 이야기다. 여러분은 지속적으로 직접 포트폴리오를 손볼 수 있어야 하고, 그렇게 해야 좋은 결과를 얻을 수 있다. 어쩌면 트레이딩뿐 아니라 인생 전반에 적용할 수 있는 진리이기도 하다.

　운동을 예로 들어보자. 매주 3회씩 20~30분 정도의 시간을 내서 유산소운동을 한다면 건강 상태가 놀라울 정도로 개선될 수 있다. 처음에는 온몸이 쑤시고 피곤하겠지만, 계속 해나간다면 몸이 건강해지고 꾸준한 노력에 대한 보상도 얻을 것이다. 반면 운동을 미루고 건너뛰기 시작하면 그 전까지의 노력은 모두 말짱 도루묵이 되고 좌절에 빠질 것이다.

　트레이딩 전략을 관리할 때도 마찬가지다. 하루 종일 여기에 집중할 필요는 없다. 나는 휴가 동안 남중국해 크루즈 여행을 하면서도(한 번 해봤지만 별로 추천할 생각은 없다) 늘 하던 대로 오늘 장이 닫히고 이튿날 장이 열리기 전 40~80분 동안 할 일을 했다. 데이터를 열고 자동화된 전략들을 살피며 자동화되지 않은 손절점들을 조정하는 이 과정을 끝내고 나면, 이튿날 다시 이 과정을 반복할 때까지 24시간 동안은 마음 편히 지낼 수 있었다. 앞서 들었던 운동의 예와 마찬가지다. 매일 하다 보면 점점 속도가 붙고 보다 효율적으로 처리할 수 있는 방법을 찾게 된다. 컴퓨터로 자동화하거나 스프레드시트를 활용하면 시장 업데이트 속도를 높이는 데 도움이 될 수 있다.

꾸준함을 잃지 말자. 꾸준함을 잃으면 트레이딩 과정이 혼란스러워지고, 신뢰성도 떨어지며, 트레이딩에서 좌절할 가능성도 높아진다. 처음부터 꾸준함을 유지할 방안을 마련해두면 다른 트레이더에 비해 훨씬 앞서갈 수 있을 것이다.

정신적 리허설이 부족한 경우

전천후 트레이더로서 위험을 제거하고 심각한 손실을 피하기 위해 노력한다 하더라도 흔한 실수 때문에 원하지 않는 결과가 발생할 수 있다. 전천후 투자를 하려면 모든 과정을 제대로 실행해야 한다. 그 과정이란 전략을 짜고, 연구하고, 분산하고, 실행하는 작업이다. 4장에 소개된 매수/매도 엔진도 서랍에 처박아놓고 잊어버려선 안 되는 도구들이다. 꾸준히 꺼내 원래의 목적에 맞게 사용해야 한다.

지표에 초록불이 들어오면서 매수 신호가 뜨면 그렇게 하자. 지표에 빨간불이 들어오면서 포지션 청산 신호가 떴는데 손절 주문을 아직 넣지 않았다면 행동하자. 너무 고민하지 말자. 여러분의 감정은 여러분의 옷깃을 잡아끌며 미리 마련해둔 지표를 잊으라고 설득할 것이다. 하지만 지표들을 무시하는 순간 여러분이 매수/매도 엔진을 선택하는 데 들인 수고는 수포로 돌아가고 만다.

앞에서 이야기한 포지션 규모 측정 개념 역시 여러분을 돕기 위해 존재한다. 그러니 사용하자. 시장에서 여러분이 마주하게 될 모든 시나리오를 생각해보고 계획을 흠 없이 실행하는 모습을 머릿속으로 리허설해보자. 자신이 숙련된 트레이더라 생각하고 아무런 감정 동요 없이 매끄럽게 포지션 규모를 계산하고 주문을 넣는 상상을 하자. 상상 속 여러분은 서두르지도 않고 흥분하지도 않으며 실수도 하지 않는 트레이더다.

스트레스를 줄일 수 있다는 점도 전천후 투자법의 이점 중 하나라는 사실을 기억하자.

미리 세워둔 전략에 따라 할 일이 생기면 실행에 옮긴다. 다양한 상황을 마주했을 때 무엇을 할지 스프레드시트나 트레이딩 플랫폼을 사용해서 리허설해보고 그대로 행동하면 된다.

대비책이 없는 경우

살다 보면 계획을 방해하거나 주의를 분산시키는 사건과 마주할 때가 있다. 아무 일 없이 조용한 하루를 보내고 있다가 인터넷이 끊길 수도 있고, 전기가 나가거나 증권사 플랫폼에 로그인하지 못하는 경우가 생길 수 있는가 하면 전 세계를 강타하는 사건으로 시장이 요동치는 바람에 증권사에서 요구 마진을 세 배로 늘릴 수도 있다. 이런 일들은 매우 빈번하게 발생하는 데도 트레이딩 계획을 세울 때 고려되지 않는 경우가 많다.

비상 대비책을 세우자. 백업 계획을 마련하자. 나는 더위를 피해 애

리조나의 산속에서 여름을 나는데, 하루는 굴착기가 사고로 인터넷 선을 건드리는 바람에 인터넷이 끊기고 말았다. 나는 이미 삼중으로 백업 계획을 세워둔 상황이었다. 우선 전국적인 식료품 체인점에선 돈 문제가 걸린 계산대와 재고 체계의 운영을 위해 전용 인터넷 서비스를 사용한다는 사실을 알게 되었다. 즉, 그 체인점들에선 일반적으로 사용하는 지역 인터넷이 아닌 다른 네트워크를 사용한다는 뜻이었다. 이 식료품점에는 점심을 먹거나 커피를 마실 수 있는 카페 공간이 마련되어 있어서, 만약 인터넷 서비스가 복구되지 않는 상황이 발생하면 나는 그곳에 가서 노트북으로 인터넷을 연결해 트레이딩 작업을 수행하는 방안을 생각해두었다.

두 번째 대비책은 휴대전화 핫스폿 사용이었다. 출장을 다니다 보면 인터넷 서비스가 제공되지 않거나, 설사 제공되더라도 품질이 너무 안 좋아 사용하기 힘든 경우가 종종 있다. 이럴 때 휴대전화 사용이 가능하다면 휴대전화 핫스폿을 켠 다음 노트북으로 인터넷에 접속해 작업하기로 했다. 하지만 굴착기 사고가 발생한 그날은 사고 탓에 휴대전화 서비스까지 먹통이 되어버리는 바람에 이 방법을 사용할 수 없었다.

산속에서 휴가를 보내는 동안 내가 마련해둔 세 번째 대비책은 90분 거리에 있는 스코츠데일 사무실로 가는 것이었다. 사무실은 굴착기 사고의 영향을 받지 않는 거리에 있었기에 질 좋은 인터넷 서비스를 사용할 수 있었다.

이런 계획을 미리 생각해두는 게 번거로웠을까? 물론 그랬다. 하지만 비상 대비책을 마련하고 실행할 준비를 마쳐둔 덕분에 그날 나는 스트레스를 받지 않을 수 있었다. 어쨌든 광케이블은 열두 시간 만에 수리되었고, 나는 조금 늦긴 했으나 평소처럼 내 할 일을 마칠 수 있었다.

내가 하고 싶은 말은 계획을 마련해두지 않은 탓에 삶의 우여곡절이 여러분의 앞길을 막는 상황을 만들지 말라는 것이다. 평범한 일상을 방해할 만한 시나리오를 떠올리고, 그런 일이 발생하면 어떻게 할지 생각하고 머릿속으로 비상 대비책을 리허설해보자. 그 예비 계획을 실제로 행동에 옮겨야 하는 순간이 오면 스트레스를 훨씬 덜 받을 수 있다.

일상이 방해하게 하지 말라

트레이딩에 시간을 얼마나 쏟을 수 있는지를 따질 때 고려할 요인이 하나 더 있다. 바로 여러분이 첫걸음을 내딛는 것을 삶이 방해하지 못하게끔 하라는 것이다. 여러분 주변에 자신이 과거에 무엇을 했어야 했다고 끊임없이 이야기하는 사람들이 있는가? 아니면 시작하려고 했는데 아직까지 기회가 없었다고 이야기하는 사람이 있지 않은가?

시작하자. 새로운 여정을 시작하기에 완벽한 때는 결코 오지 않으니, 당장 행동에 옮기는 것이 최선이다. 공부를 시작하자. 어떤 시장에 가장 흥미롭고 부담 없이 집중할 수 있을 것 같은지 알아보자. 투자 상품을 소유하든 그렇지 않든, 미루기만 하면 심리적 부담만 더 크게 느껴진다. 이 역시 여러분이 처리해야 할 스트레스 요인 중 하나다.

일상에서 일어나는 평범한 일들이 여러분을 방해하게 하지 말자. 지금 여러분에게 어떤 자원이 있는지 조사하는 것부터 시작하면 된다. 이미 세워둔 성공적인 트레이딩 전략과 앞으로 마련해야 할 전략을 생각해보자. 트레이딩 계좌에 자산이 얼마나 있는지, 앞으로 얼마나 더 모아야 하는지도 따져봐야 한다. 전략을 세우고 실행할 시간이 얼마나 있을지 검토하고 오늘 당장 실행에 옮기자.

15장

전천후 투자와 미래

전문가가 되었든 아마추어가 되었든 투자자라면 언제나 다가올 큰 흐름을 기다린다. 누구나 위험은 최대한 낮으면서 수익은 극대화하는 데 도움이 되는 단 하나의 전략을 찾는다.

투자는 감정과 밀접한 관련이 있다. 새롭고 더 나은 추세가 보일 때 이를 놓쳐 수익을 보지 못할 수도 있다는 두려움Fear of Missing Out, FOMO의 감정이 우리를 지배하기 때문이다. 안전한 포지션에 기껏 자산을 넣어두고선 결국 새롭고 반짝거리는 유혹에 넘어가버리는 투자자들이 너무 많다.

2020년 초 암호화폐를 예로 들어보자. 2020년 이전에는 비트코인이 인플레이션 헤징 수단인 금과 같은 원자재로서 투자가 가능한 유일한 암호화폐인 듯 보였다.

그 후 새로운 코인과 토큰들이 기록적인 속도로 시장에 등장하더니 가격이 하늘 높은 줄 모르며 치솟았다. 하지만 잠시 수면 밖으로 모습을 드러냈다가 곧 가라앉는 암호화폐들도 있었다. 같은 시장에 등장한 암호화폐 수천 개의 가치가 모두 상승한 건 아니라는 뜻이다. 더 중요한 사실은, 변동성 때문에 아주 짧은 시간 동안 백만장자가 된 암호화폐 투자자들이 있는 반면 빈털터리가 된 투자자도 있었다는 것이다.

전천후 트레이더가 된다는 건 보다 안정적이고 장기적인 투자 방법을 고안한다는 뜻이다. 투자자들에게 강요되다시피 하는 유행하는 투자를 피해 자신의 계획을 고수해야 한다. 암호화폐 투자가 나쁘다는 뜻이 아니다. 이 시장에서도 수익을 얻을 수 있으니 말이다. 나는 지난 2년 동안 암호화폐 마이크로 선물을 트레이딩하며 재미를 봤다. 하지만 암호화폐가 포트폴리오에서 큰 부분을 차지하게 두고 아무 위험 없이 엄청난 수익을 거둘 수 있으리라 생각한다면 큰 오산이다.

물론 새롭고 신선한 투자 기회일수록 더 깊이 알아봐야 하는 건 맞다. 그렇다 해서 전형적인 주요 투자 수단들이 안전하다는 뜻은 아니다. 2022년의 채권수익률과 채권시장의 전체 수익을 살펴보자. 연방준비제도이사회에서 인플레이션 방어를 위해 금리를 인상했지만, 채권수익률은 인플레이션의 근처에도 가지 못했다. 채권이 안전한 베팅이라 여기며 자산을 털어 넣은 투자자들은 이 기간 동안 순자산에 손실을 입었다. 일반적으로 안전하다고 여겨지는 채권조차 위험을 안고 있다는 뜻이다.

주식도 동일한 문제를 갖고 있다. 주식이 과대평가된 탓에 주가가 점점 불안정해지고 있으니 말이다. 기술주를 추종하는 개인 투자자들이 단기적 수익이야 올릴 수 있겠지만, 장기적 잠재력을 따져보면 이런 주식에는 예측하고 대비하기 힘든 위험이 도사리고 있다. 이제껏 수없이 그래왔듯 만약 시장이 50퍼센트 하락하면 무엇을 해야 할지 모르는 투자자가 대부분이다. 이럴 때 매수 후 보유 전략은 매우 실망스러운 결과를 가져다줄 것이다.

투자자가 되기에 더 위험한 시기는 없다. 강세장도 약세장도 영원히 지속되진 않는다. 향후 주식이 매년 5~10퍼센트씩 상승할 거라 생각한다면 지수 펀드를 매수해 그 여정을 즐기면 된다. 하지만 시장이 상승하든 하락하든 위험은 존재한다. 전천후 트레이더로서 여러분은 부정적 위험과 싸우면서 최대한 위험을 관리하려 노력하고, 그와 동시에 위험을 받아들이고 포트폴리오에 긍정적 영향을 미치게 할 방법을 생각할 것이다.

부정적 위험은 덜고 긍정적 위험은 더하겠다는 여러분의 목표를 기억하자.

혼란스러운 사건은 늘 발생하기 마련이다. 정부의 조처나 뉴스 한 꼭지가 여러분의 포트폴리오를 해치는 방향으로 시장을 움직일 수 있다. 이런 것들로부터 포트폴리오를 보호하는 것은 여러분의 몫이다.

미래의 위험 판단하기

여러분의 미래에는 혼란스러운 순간들이 찾아올 것이다. 피할 방법은 없다. 사람들은 이런 순간을 피하려 들지만, 아무리 간절히 바란다 해도 혼란이 사라지게 할 순 없다. 오히려 시장은 시간이 갈수록 더 자주 혼란스러운 움직임을 보이는 듯하다.

각자에게 위험은 저마다 다른 의미라는 사실을 알아야 한다. 우선 변동성에 따른 단기 위험을 생각해보자. 이는 사람들이 가장 먼저 생각하는 위험이다. 사람들은 시장이 특정 방향으로 움직일 경우 자신이 단기간에 얼마나 손해를 볼지를 걱정한다. 물론 매일 이런 위험을 처리하는 것도 중요하지만 장기적인 위험도 생각해야 하지 않을까?

- 1970년대와 1980년대 초와 같이 채권 시장에서 10년간 손실이 발생하면 어떻게 해야 할까?
- 경제대공황 때처럼 주식이 90퍼센트 하락하면 어떻게 해야 할까?
- 주식이 2008년처럼 60퍼센트 하락했다가 2009년에 그랬듯 반등하지 않으면 어떻게 해야 할까?
- 자산관리사들이 좋아하는 '채권 60퍼센트/주식 40퍼센트' 전략에서 양쪽 모두 수익이 나지 않을 경우엔 어떻게 해야 할까?

이런 장기 위험을 고민하는 사람들은 단기 변동성에 대한 걱정을 하지 않는다. 이들은 단기 성과의 좋고 나쁨보다 얼마나 오래 투자를 지속할 수 있는지를 생각한다. 전천후 트레이더가 투자하는 이유는 무엇일까? 우리는 사람들이 가까이 가고 싶어 하지 않는 위험과 변동성을 연료 삼아 포트폴리오에서 수익을 낸다.

포트폴리오의 다음 투자 수단을 찾을 때 이 점을 기억하길 바란다. 위험을 피한다는 말은 보통의 시장에서 발생하는 매일, 매주, 매 분기의 상승과 하락을 피한다는 뜻이 아니다. 이런 상승과 하락은 미미한 잡음일 뿐이라 여러분을 투자의 세계에서 쫓아낼 수 없다. 여러분이 피하기 위해 노력해야 할 대상은 장기적 계획에 영향을 미치는 위험이다.

전천후 투자법을 마련해두면 시장이 변하고 움직여 어쩔 수 없는 위험이 찾아오더라도 자산을 어느 정도 보호할 수 있다. 아주 오랫동안 활용할 수 있는 총괄적 전략을 마련해두면 어떤 혼란스러운 상황에서도 살아남을 수 있다. 혼돈의 소용돌이에 빠진 세상에서 여러분은 미리 마련해둔 계획에 의지하며 안락함을 느낄 수 있을 것이다. 그렇게 정신 무장을 한 여러분은 혼란 속에서 어떻게 행동할지 알며 계획을 완벽하게 실행할 수 있다.

2020년 봄, 코로나19로 주식 시장이 폭락하고 다른 시장 역시 격동의 시기를 지나고 있을 때 트레이딩을 중단한 원자재 트레이딩 자문가들이 많았다. 그들은 이러한 움직임이 비정상적이라고 생각했고 주가는 엄청나게 빠른 속도로 녹아내리는 듯 보였다. 이때 국채를 안전한 피난처로 생각한 사람들이 많았다. 주식 시장은 30퍼센트 이상 빠르게 하락했다.

그러나 나는 내 전략을 고수했다. 주식 시장에 노출된 자산에는 헤징 수단이 마련되어 있었다. 나는 팔라듐 선물 계약과 결국 마이너스 가격을 기록한 에너지 공매도 계약으로 대박을 터뜨렸다. 아주 오랜만에 한 번 올까 말까 한 거대한 움직임이었다. 나는 이런 움직임들에 빠짐없이 올라탔고 불어나는 내 포트폴리오 자산을 보며 행복한 비명을 질렀다. 하지만 적당한 시기에 포지션 일부를 처분해 시장 노출 정도를 조절하면서 변동성이 기록적으로 컸던 시기에도 나는 평정심을 지킬 수 있었다.

곧 SNS는 "여기가 바닥인가?" 하는 푸념과 "아직은 매수 시기가 아니니 저점을 찍고 다지는 저점 테스트를 기다리라"라는 의견으로 도배되었다. 그렇지만 이러한 예측엔 문제가 있었다. 이번에는 저점 테스트 기간이 없었던 것이다. 시장은 시장의 흐름에 따라 움직일 뿐이다. 하락세에 겁을 먹고 시장을 떠났던 트레이더들은 지금 눈 깜짝할 사이에 지나간 반등점을 놓치고 쓰린 속을 달래고 있을 것이다. 나는 시장이 유례없이 변덕을 부리는 동안 매일 한결같이 전천후 투자 과정을 수행했다. 주식 헤징은 모두 해제되었다. 섹터 ETF에서 롱포지션 매수 신호가 여러 번 들어왔고 선물 포지션을 대부분을 뒤집은 뒤 주식 롱포지션으로 포트폴리오를 채웠다.

결과는 어땠을까? 한 해 동안 나는 100퍼센트가 넘는 역대 최고수익률을 기록했다. 나는 매일 수행하는 작업들을 지금도 별 변화 없이 하고 있고, 내 실력을 뽐내기 위해 이 이야기를 꺼낸 것도 아니다. 나는 코로나19 때문에 세상이 얼마나 혼란스러워질지 예측하지 않았다. 백신 개발엔 얼마나 걸릴지, 시장이 뉴스에 어떻게 반응할지를 예측한 적도 없다.

내 이야기에서 여러분이 배울 수 있는 건, 혼돈의 시기를 대비해 신중하게 계획을 마련해두면 침착하게 제 갈 길을 갈 수 있다는 점이다. 내가 한 해 동안 그 정도의 수익을 낼 수 있었던 이유는 기회가 왔을 때 행동했기 때문이다. 2020년 마이너스를 기록한 원유 가격은 내게 아무런 해를 입히지 못했다. 나는 시장의 방향을 측정하고 손절매 주문을 실행하고 공매도하면서 포지션 규모를 잘 조정했고 결국 싼값으로 재매수해 롱포지션을 되찾았다. 현재 동유럽 정세에 긴장이 계속되면서 유가는 배럴당 100달러를 웃돌고 있다. 나는 이 사건을 조금도 예측하지 않았다. 그저 내 프로세스를 관리하며 결과를 기다리는 과정을 즐겼을 뿐이다.

미래 예측하기

전천후 트레이더가 되려는 이유는 무엇일까? 전천후 전략 사용 시의 좋은 점은 채권이나 주식이 오랫동안 상승하지 않더라도 수익을 낼 가능성이 있다는 것이다. 이 둘이 가장 흔한 투자 수단인 세계에서 양쪽 시장 모두가 하락세에 있으면 여러분의 순자산에 부정적인 결과가 발생할 것이다.

미래를 예측하고 예견할 수 있을까? 글쎄, 결론적으론 불가능하다고 본다.

검은 월요일 이후 발간된 어느 책에선 향후 시장의 잠재적 움직임을 두 가지로 예측했다. 경기불황 또는 공황이었다. 실제론 어떻게 되었을까? 둘 다 아니었다. 대신 시장은 10년 넘게 강세를 이어갔다.

1989년 일본은 세계 2위의 경제 규모를 가진 나라였고, 미국의 1위 자리를 호시탐탐 노리고 있었다. 여러분이 1989년에 아무나 붙잡고 앞으로 일본에 약세장이 찾아와 35년 동안 이어질 거라 이야기했다면 주변 사람 모두가 비웃었을 것이다. 하지만 그런 일이 실제로 일어났다.

누구도 시장을 예측할 수는 없다. 시장에 수많은 위험이 존재하는 이유다. 하지만 위험이 있기에 보상을 얻을 수 있다. 자신이 정확하게 예측할 수 있다고 주장하는 사람은 여러분에게 무언가를 팔려는 사람일 테고, 그 사람이 판 무언가는 시장에서 10년, 20년, 30년을 버티지 못할 가능성이 높다.

전천후 트레이더는 자신이 언제 수익을 거두고 언제 부진한 성적표를 받을지 파악할 수 있다. 시장이 어떻게 움직일지는 중요하지 않다. 내가 포트폴리오 전략을 처음 개발했을 당시 전천후 투자법은 다른 어떤 전략보다 나았고 현재도 마찬가지다. 시장에서 어떤 추세가 얼마나 반복되든, 꾸준하고 합리적인 수익을 얻으려면 전천후 트레이더가 되어야 한다고 생각한다.

어떤 미래가 펼쳐질지 생각해보자. 시장이 어떻게 될지 예측하라는 뜻이 아니다. 시장만 놓고 생각해보자.

시장에 진입하기는 갈수록 쉬워지고 있고, 컴퓨터와 모바일 기술의 존재감은 점점 커지는 중이며, 소프트웨어 앱을 통해 시장엔 이제껏 보지 못한 속도로 더 많은 자금이 유입되었다. 이런 상황에서 변동성의 주기와 정도는 커질 수밖에 없다.

전천후 트레이더는 소프트웨어로 변동성이 증가해 발생하는 혼돈에 대처할 준비가 되어 있다. 여러분이 이 투자법에 대해 좀 더 자주 듣지 못하는 유일한 이유는 자산관리사들이 고객들에게 전천후 트레이더가 될 때의 이점을 널리 알릴 방법을 찾지 못했기 때문이다. 자신들이 감당해야 하는 트레이딩 규모가 너무 크다고 생각하는 트레이더들이 있는가 하면, 큰 단기 수익을 계속 얻을 수 있을지 걱정하며 위험 대비책도 없이 수익에만 눈이 먼 트레이더도 있다. 내 경험상 전천후 투자법처럼 따분한 전략으로는 자산 규모가 큰 고객들을 많이 끌어들이기가 어려웠다.

다른 자산관리사들처럼 행동하는 것은 현재의 나와 맞지 않는다. 나는 은퇴했고 내 삶과 생활양식에 만족하며 전천후 트레이더로서 느낄 수 있는 안정감을 원한다. 인간이기에 우리는 자신의 자산이 안전하다는 확신을 어느 정도 필요로 한다. 우리가 보험을 여러 개 들어두는 것도 이 때문이다. 하지만 보험은 폭풍이 들이닥치기 전에 들어놔야 한다. 레이더에 폭풍의 전조가 감지되면 이미 때는 너무 늦었다. 보험사에서는 이제 여러분에게 상품을 팔지 않을 테니 말이다. 그러니 미리미리 행동에 옮겨야 한다.

전천후 투자법을 구현해 자산에 보험을 들어두자. 그러면 여러분 앞에 어떤 장애물이 놓이더라도 대처할 수 있는 계획을 가질 수 있다.

실패 연구하기

투자 업계에서 실패란 접하기 드문 단어가 아니다. 하지만 사람들은 왜 실패했는지 추론하는 과정에는 관심을 두지 않는다. 지식이 충분하지 않은 상태에서 결정을 내렸다거나 운이 나빠서 실패했다고 믿는 사람도 있지만, 분명 그들에게도 그 실패 이전에 마련해두었던 전략이 있었을 것이다.

누구나 성공 사례를 연구한다. 그러나 지혜를 얻으려면 실패를 연구해야 한다. '실패한' 사람들은 무엇을 하려 했을까? 어떤 마음가짐이었을까? 그들이 잘못 이해한 부분은 무엇일까? 이런 질문에 답하다 보면 여러분은 성공 사례만 연구하는 이들이 배우지 못하는 것들을 배우게 될 것이다.

시점매매가 포트폴리오 성공의 열쇠라는 믿음은 잘못된 것이다. 어떤 특정 전략 하나가 가장 중요하다는 믿음은 틀렸다. 단연코 사실이 아니다. 이러한 실패 사례들을 연구하다 보면 더 넓고 광범위하게 분산된 투자법이 필요하다는 사실을 알게 될 것이다.

- 1998년 아르헨티나에서 봉쇄경제 체제로 인한 대공황이 발생했다.
- 2014~2017년 러시아에서 있었던 재정위기는 러시아가 석유 수출에만 몰두해 있다가 가격이 50퍼센트 가까이 하락하자 그 손실을 메울 방법이 없었던 탓에 발생했다.
- 일본의 경제붕괴는 주식과 부동산이 극단적으로 높이 평가된 탓

이었다.

이러한 실패에서 우리는 무엇을 배웠는가? 어떤 자산군에서 좋은 성과를 내는 건 한때뿐이다. 다른 투자 수단과의 상관관계 때문에 헤징 수단을 마련하지 않는 이상 결국은 매도해야 한다. 전천후 트레이더로서 나는 포트폴리오에 서로 상관관계가 없는 투자 수단을 동시에 여러개 갖고 있고, 따라서 내게 유리한 방향으로 움직이는 수단은 늘 존재한다. 한 시장의 성적이 부진하더라도 전략의 다른 부분들이 손실을 메워줄 수 있다는 뜻이다.

이 접근 방식을 받아들이고 따라 하자

앞서 언급했듯 60/40 투자법은 개인 투자자들이 가장 많이 사용하는 전략이다. 안전하면서도 성장 잠재력이 있기 때문이다. 자산의 60퍼센트를 주식으로 채우면 목표에 맞는 성장률을 얻을 수 있을 정도로 시장에 참여할 수 있다. 자산의 40퍼센트를 차지하는 채권은 포트폴리오 분산을 위해 천천히 움직이면서 주식으로 발생하는 손해의 완충 역할을 한다.

극단적으로 분산된 전천후 투자는 개념상 60/40 전략과 비슷하지만 여기에 다양한 수준의 안전장치가 더해진 형태다. 엄청나게 흥미로운 것도 아닌, 거의 공식에 가까운 방식이다. 이 방식은 다양한 시장에서 위험을 찾아 제거할 방법을 찾고 보상을 얻으려 한다.

우리 목표는 무던함으로 성공하는 것이다. 모든 승리가 결승선을 향해 미친 듯이 질주하며 이뤄질 필요는 없다. 마지막으로 흥미로운 마라톤 경기를 봤던 때를 떠올려보자.

이 전략을 제대로 시작하려면 네 단계만 거치면 된다.

1. 자신의 성격과 목표에 맞는 시장을 정한다.
2. 언제 매수하고 매도할지 알려주는 매수/매도 엔진을 구성한다.
3. 포트폴리오 자산 수준과 각 포지션에 얼마나 큰 위험이 존재하는지 이해하고 일관성 있게 포지션 규모를 조정한다.
4. 멀리 내다보고 시장이 던지는 변화구에 대비한다.

간단해 보이지만 이것들을 실행에 옮기기 힘들어하는 이들이 많다. 투자자들은 항상 이렇게 말한다. "투자에서 성공하는 과정은 복잡할 수밖에 없어." 이런 생각을 가진 투자자는 한둘이 아니지만, 전략을 흠 잡을 데 없이 실행하는 정신력만 있다면 성공적인 투자를 할 수 있다. 미리 짜둔 전략과 규칙을 지키자. 쉬운 소프트웨어를 사용해 투자 수단을 관리하거나, 관리 업무를 대신 해줄 누군가를 고용하자. 어떤 방법을 선택하든 도움이 될 유용한 도구는 아주 많다.

여러분의 선택은 어떤 대가를 치르느냐에 달렸다. 매일 할 일을 대신 해주는 사람을 고용해 손이 많이 가지 않는 방법을 택하는 대가로 수입의 일부를 포기할 수도 있고, 자신이 직접 시간과 노력을 들이는 방식을 택할 수도 있다. 어느 쪽도 틀린 답이 아니다. 반면 위험을 피하기 위해 시장에 참여조차 하지 않는다면 그것이야말로 틀린 답이다. 인플레이션 때문에 이런 결정은 장기적으로 자산에 손실을 가져올 수 있다. 내 아버지가 하셨던 양도성예금증서 투자가 그랬듯이.

여러분에겐 다양한 기회가 있다. 매수 후 보유라는 함정에 빠지지 말자. 자신을 위한 멋진 계획을 세워두면, 투자 과정을 즐기면서 대대손손 이어질 부를 쌓아 가족의 재정적 안정을 책임질 수 있다.

맺음말

투자 생태계는 여러분을 중심으로 돌아간다. 주식 시장, 채권 시장, 선물, 암호화폐, 뮤추얼펀드, 사모펀드 등 모든 투자는 여러분에게 달렸다. 이러한 시장에 돈을 투자하는 사람은 바로 여러분이다. 투자할 수 있는 선택지가 이토록 다양하다는 사실은 누구나 알고 있다. 각 시장은 매력적인 제안으로 여러분을 유혹한다.

이런 상황에서 여러분의 심리가 어떤지 생각해보자. 여러분은 1달러를 손에 들고 방 한가운데 서 있다. 그리고 주변엔 수백 명의 사람들이 빙 둘러서서 목청 높여 주장하고 있다. 왜 자신이 그 1달러를 받아야만 하는지, 그 돈을 어떤 방식으로 불려줄 수 있을지에 대해서 말이다. 이런 상황에서 결정을 내리려면 큰 스트레스를 감당해야 한다. 투자 가능한 모든 시장에서도 이와 마찬가지로 많은 스트레스와 위험이 수반된다.

나는 자산관리 업계 안팎에서 다양한 트레이딩 형태를 시도해보았고, 다른 어떤 방법보다 전천후 전략이 잘 맞았다. 증거를 원할지도 모르겠다. 나는 다른 투자나 트레이딩 과정을 소개하는 책을 쓴 적이 없다. 이 책은 자신의 길을 찾기 위해 고군분투하는 트레이더들에게 당당하게 제안할 수 있는 트레이딩 전략을 개발하기까지 내가 수십 년간 트레이딩해오면서 경험한 바의 집합체라 할 수 있다. 내 인생에서 누리고 있는 많은 것들을 제공해준 업계에 보답하는 나만의 방식이다.

나는 여러분이 심리적으로 편안한 삶을 누릴 수 있도록 도움을 주고자 이 책을 썼다. 여러분을 둘러싸고 돈 달라며 애원하는 모든 사람들의 주장을 듣고 있으면 정신 건강이 나빠지고 감정에 휘둘려 투자 결정을 내릴 수 있다. 일반적으로 투자자들은 유망한 투자 개념에 자산을 쏟아붓거나, 분석에 질리거나 우유부단함 탓에 생각이 마비되어 아무런 선택도 하지 않아 결국은 잠재 수익을 모두 놓치고 만다. 설상가상으로 내 친구들 중 몇몇은 소셜미디어에서 사기를 당하기도 했다. 그들은 나와 메시지를 주고받으며 자신이 유망 상품에 투자 중이라고 믿고 있었는데, 알고 보니 누군가 내 프로필과 사진, 게시물을 복사한 다음 암호화폐를 미끼로 돈을 빼돌린 것이었다. 단언컨대 나는 소셜미디어에서 어떤 투자 상품도 판매하지 않는다.

트레이더로서 여러분은 전략을 보고 돈을 투자하는 사람이며, 마땅히 수익을 얻을 자격이 있다. 여러분은 자신의 자산을 활용하는 산업에 가치를 제공하고, 그 가치는 보답을 받아야 한다. 하지만 무엇도 거저 얻을 수는 없으니, 다양한 투자에 내재된 위험을 적극적으로 제거해야 한다. 위험에서 도망친다는 것은 시장에서 숨는다는 의미고, 이 생태계에 가치를 제공하지 않으면 보상을 얻을 수 없다. 이는 투자가 아닌 다른 어떤 것에든 해당되는 이야기다. 주식을 거래하든 기계 부품을 거래하든 거저 얻을 수 있는 것은 아무것도 없다.

전천후 트레이더가 되는 과정에서 현실적인 기대치를 유지하자. 낙폭이 있으리라는 것을 알고 당황하지 말자. 직접 투자나 펀드를 통해서 매년 8~10퍼센트의 수익을 내고 있다면 대부분의 사람들보다 잘하고 있다는 뜻이다. 여러분의 월급은 매년 8~10퍼센트 오르는가? 그러지 않으리라 생각한다.

마지막으로 기억해야 할 점이 있다. 여러분과 함께 오르막길을 오르지 않을 사람들에겐 자신이 얼마를 벌었는지 자랑하지 말자. 내가 트레이딩하는 자리의 옆쪽 벽에는 이런 말이 붙어 있다. "시장 앞에서 겸손하지 않으면 시장이 당신을 겸손하게 만들 것이다." 투자는 경쟁이 아니라 우리 모두가 해결하고 싶어 하는 장기 과제다. 우리는 한 홀 내기가 아니라 나흘간 이어지는 토너먼트 시즌을 치르는 중이고, 방금 마친 한 번의 트레이딩을 곱씹는 대신 다음 1,000번의 트레이딩을 위한 전략을 설계하고 있다.

전천후 트레이더란 바로 이런 것이다. 이제까지 나는 내가 전천후 트레이더가 될 수 있었던 투자법에 관해 알고 있는 모든 것을 털어놓았다. 여러분이 스스로 작업하고, 조율하고, 적용할 수 있도록 다양한 아이디어를 제공한 것이다. 이 도구들은 이제 여러분의 손에 있다. 계획을 세우고 흠 없이 실행하면서 투자 과정을 즐겨보자!

THE
ALL-WEATHER
TRA☂DER

Mr. Serenity's Thoughts on Trading
Come Rain or Shine

미스터 평정심의
전천후 투자법

초판 1쇄 인쇄 2023년 12월 11일
초판 1쇄 발행 2023년 12월 27일

지은이 톰 바소
옮긴이 배지혜
펴낸이 이승현

출판2 본부장 박태근
W&G 팀장 류혜정
디자인 조은덕

펴낸곳 ㈜위즈덤하우스 **출판등록** 2000년 5월 23일 제13-1071호
주소 서울특별시 마포구 양화로 19 합정오피스빌딩 17층
전화 02) 2179-5600 **홈페이지** www.wisdomhouse.co.kr

ISBN 979-11-7171-068-3 03320